イラストでわかる

建築現場のチェックポイント

柿﨑正義
玉水新吾 著
日本建築協会 企画

JN101710

学芸出版社

はじめに

2000年4月施行の「住宅の品質確保の促進等に関する法律」（品確法）により、建物の「構造」と「雨漏り」については、保証期間が10年となりました。2020年の民法改正より前、建物等の瑕疵担保責任期間は木造で5年、その他の構造で10年とされていたものの、実際には一般的に広く行われた民間連合協定「工事請負契約約款」により、木造住宅は1年、石造・金属造・コンクリート造、土地の工作物、地盤は2年、故意または重大な過失による場合はそれぞれその5倍とされていたことから、品確法は建て主の保護と建物の長寿命化を求めたものであったと言えるでしょう。

また、2020年4月1日の改正民法では木造であるかコンクリート造であるかにかかわらず、工事目的物については、原則として契約不適合を知った日から1年以内に通知をすればよく、損害賠償等の権利行使は、消滅時効の一般原則により、不適合を知ってから5年以内、引渡しから10年以内までできることになりました。

2011年の最高裁判決では、「品確法」だけでなく、「民法の不法行為責任」の観点から判断が示されました。不法行為責任の時効は20年ですので、契約不適合の内容によっては、20年にわたって責任を追及される可能性が出てきたことになります。これは建築業界にとって画期的な判例です。

建築の不具合撲滅は、建築主の満足度向上、施工者の経営上のリスク回避の上で、大きな意味を持つため、充分に配慮されてしかるべきものですが、次のような原因で建築紛争・不法行為につながることがあります。

・職人が親方から急がされて施工し、検査・確認が疎かになる。

・利益を優先して技術者のプライドを失う。

建築現場では、地盤構造・構造躯体・外装仕上げ・雨漏りの不具合によって、国土交通省告示、建築基準法および品確法の基・規準に不適合となることがあります。この場合は、建物としての基本的な安全性を損うので「契約不適合責任」が生じるのが通常ですが、同時に「不法行為責任」も生

じることがあるのです。

　本書では、地盤・構造・外装・雨漏りの4章に分けて、「不法行為責任20年」時代にも十分耐えられるレベルを目指すためのチェックポイントを整理しました。施工過程・手順ごとの重要ポイントを基準に施工計画を作成し、各工事における契約不適合責任・不法行為責任を問われる事態をなくすために本書をご活用いただきたいと思います。

目次

序章　不法行為責任20年時代の建築トラブル

1 欠陥建物の責任は 10 年で終わらない

1. 改正民法による住宅の「契約不適合責任」とは

　民法〈第570条〉の改正により、これまでの「瑕疵」や「瑕疵担保責任」が廃止されて、2020年4月1日より、新たに「契約不適合」と「契約不適合責任」という表現が用いられるようになりました。今までの瑕疵担保責任では、令和の現代に対応しきれなくなり、「契約不適合責任」という新たな規定ができました。

☑Point

1 建設工事標準請負契約約款による契約不適合責任の担保期間も改正された

2 契約不適合の事実を知ったときから1年以内に売主に通知しないと権利を行使することができない

3 債権は、権利行使できることを知った時から5年間または引渡しから10年間行使しないと消滅するが、そのどちらか早い方が適用される

4 買主は、売主との売買の目的物に「契約不適合」があった場合、債務不履行責任を追及できる

☑Point 1　建設工事標準請負契約約款による契約不適合責任の担保期間も改正された

　契約不適合責任の担保期間については、旧民法638条の削除により、

2020年4月1日の民法（債権編）改正にあわせて、中央建設業審査会が実施を勧告する建設工事標準請負契約約款が改正されています。

　従前（旧民法第638条削除）は木造建物については引渡し後1年、コンクリート造建物については引渡し後2年を期間として定めていました。改正民法では木造・コンクリート造であるかにかかわらず担保期間が統一されたことから、

　a. 工事目的物については引渡しから2年

　b. 設備機器等についてはその性質から1年

へと変更されました。なお、引渡しから2年（設備機器は1年）の期間内に通知すれば、通知から1年間は、当該期間を過ぎても請求可能です。

　一般的に建設工事においては、工事の過程で注文者と請負人の間で綿密に施工内容について確認がなされており、契約に適合しない部分は完成前に修補された上で目的物の引渡しが行われます。そのため、長期間の担保期間を設ける実益に乏しく、請負人を長期間不安定な地位に置くことは酷であるとの判断から、建設工事標準請負契約約款では民法の任意規定を修正する形の定めが置かれています。なお、住宅等の瑕疵に関する期間に関しては、住宅の品質確保の促進等に関する法律における定めが別途適用されることに注意が必要です。

☑**Point 2**　契約不適合の事実を知ったときから1年以内に売主に通知しないと権利を行使することができない

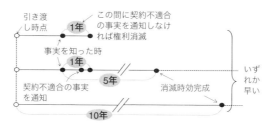

図1　目的物の種類又は品質に関する担保責任の期間 （イラスト：宮之腰鹿之介）

契約不適合責任の存続期間（改正民法第637条1項）については、買主（注文者）が、契約の内容又は品質に関して、仕事の目的物が契約内容に適合しないことを知った時から1年以内にその旨を売主（請負人）に通知しなければ、その権利を行使（履行の追完請求・代金の減額請求・損害賠償の請求・契約の解除）することができません（図1）。

☑**Point 3**　債権は、権利行使できることを知った時から5年間または引渡しから10年間行使しないと消滅するが、そのどちらか早い方が適用される

　買主は、この「契約の内容に適合しないことを知った時から1年以内の通知」と消滅時効の一般原則に従い、契約不適合に関する責任を負うこととなりました。

　なお、消滅時効についても併せて見直しが行われ、債権は、「債権者が権利を行使することができることを知った時から5年間（改正民法第166条第1項）行使しないとき」又は「権利を行使することができる時から10年間（改正民法第166条第2項）行使しないとき」は、時効によって消滅することとされていますが、どちらか早い方が適用されます（図2）。

　また、改正民法第167条「人の生命又は身体の侵害による損害賠償請求権の消滅時効についての前条第1項第2号の規定」については、同号中「10年間」とあるのは「20年間」となりました。

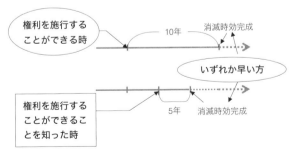

職業別の短期消滅時効の規定は削除

図2　債権の消滅時効の期間（イラスト：宮之腰鹿之介）

☑**Point 4** 買主は、売主との売買の目的物に「契約不適合」があった場合、債務不履行責任を追及できる

　責任追及の方法は、「追完請求（修補代替物の引渡し、不足分の引渡し）」「代金減額請求」「損害賠償」「契約解除」の4つです。

①追完請求（改正民法第562条第1項）

　契約不適合責任では、買主か売主に「直してください」「代わりの物を納品してください」「不足している分を納品してください」ということを意味します。したがって、契約不適合責任では、買主が売主に対して引渡し後に追完請求できるようになります。

・窓が閉まらない

・屋根の塗装の色がバラバラ　など

②買主の代金減額請求（改正民法第563条第1項）

　契約不適合責任では、代金減額請求も認められます。代金減額請求は、追完請求をしても売主が修補しない、あるいは修補不能であるときに代金減額することができる権利です。

③損害賠償（改正民法第564条第1項）

　契約不適合責任では、追完請求や代金減額請求と合わせて、損害賠償請求ができるようになり、売主の責任はかなり重くなったといえます。

④契約解除（改正民法第564条）

　契約不適合責任は、契約の目的が達成されるときでも解除が可能です。

2. 品確法における「瑕疵」

　今回の民法改正で、「瑕疵」は、「引き渡された目的物が種類、品質又は数量に関して契約の内容に適合しないものであるとき」（契約不適合）という新用語に変わります。

　これに対して、特別法である住宅の品質確保の促進等に関する法律では「この法律において〈瑕疵〉とは、種類又は品質に関する契約の内容に適合しない状態を言う」（同5条5項）との規定を設け、「瑕疵」の用語を2020

年4月以降も使うことにしています。

☑Point

住宅供給者（請負人や売主）は、基本構造部分（構造耐力上重要な部分と雨水の浸入を防止する部分）について10年間の瑕疵担保責任を負う。また、特約の期間は、20年以内であれば延長することができる。

品確法第87条は10年間の瑕疵担保責任を請負人に負わせると決めています。2000年4月1日の品確法の施行後、新築住宅に対する10年の契約不適合責任期間が義務化されました。表1に改正民法による新築住宅に係る契約不適合責任の特例による対象部位と請求内容を示します。

住宅供給者は、新築住宅の基本構造部分すなわち

①構造耐力上主要な部分(図3)(建築基準法施行令第1条3号と同じ内容)

②雨水の浸入を防止する部分(図3)(新法施行令6条2項に定める)

に対して引渡しの日から10年間の瑕疵を修補するなどの義務を負うことになります。

表1　対象部位と請求内容

対象項目	請求内容
対象となる部分	新築住宅の一定の部分 a. 構造耐力上主要な部分（基礎、柱、床等） b. 雨水の浸入を防止する部分（屋根、外壁等）
請求できる内容	売買契約・請負契約とも同じ担保責任 a. 追完請求 b. 代金減額請求 c. 損害賠償 d. 契約解除
契約不適合責任の期間	a. 売主は、買主に引渡した時から10年間不適合の責任を負う。 b. 契約によって売主と買主の合意があれば、対象とする部分（上述）の契約不適合責任の期間を20年以内まで延長することができる。 c. 買主としては、1年以内に「目的物の種類が契約で取り決めた内容と違いました」と通知すれば、売主に対して「損害賠償」あるいは「契約解除」を請求することができる。

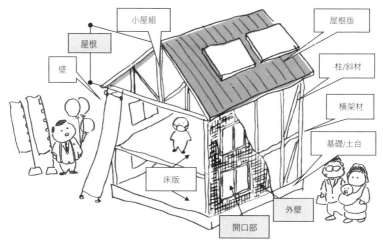

（1）木造（在来軸工法）の戸建住宅

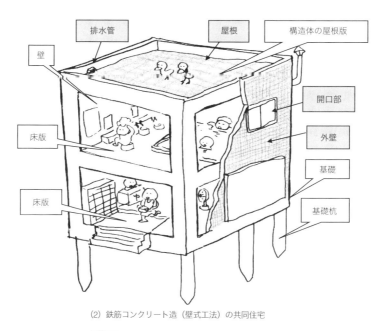

（2）鉄筋コンクリート造（壁式工法）の共同住宅

☐：構造耐力上主要な部分

▦：雨水の浸入を防止する部分

図3　構造耐力上主要な部分と雨水の浸入を防止する部分（イラスト：宮之腰鹿之介）

請負人（施工者）が瑕疵担保責任期間を 10 年間より短くする約束を買主（施主）としても、それは無効となります。これに反する特約を設けても、注文者や買主に不利な特約は無効となりますが、逆に請負・売買において上述の①、②の特約で合意を結べば、保証期間を 20 年まで延長することができます。

3. 不法行為責任の時代はこう変わる

不法行為責任とは、売主の故意または過失によって、他人の権利や法律上保護される利益を違法に侵害した場合に、その損害を賠償する責任のことです（民法第 703 条）。

住宅実務者が負う欠陥責任については、品確法の瑕疵担保責任（契約不適合責任）だけでなく、民法の不法行為責任にも注意する必要があります。住宅の欠陥責任の存続期間は、品確法の 10 年の契約不適合責任と、民法の 20 年の責任追及の両にらみで対応しなくてはならない時代を迎えています。

☑Point

1 民法の不法行為による損害賠償請求権は 20 年間で消滅する
2 欠陥住宅において民法の不法行為責任が認定されるには 3 つ条件がある
3 契約当事者以外も不法行為責任を負うことがある

不法行為による損害賠償請求権（改正民法第 724 条の 1）は、次に掲げる **Point 1** の場合には時効によって消滅します。

☑Point 1　民法の不法行為による損害賠償請求権は 20 年間で消滅する

a. 不法行為の時から 20 年間行使しないとき
b. 被害者又はその法定代理人が損害および加害者を知ったときから 3 年間

行使しないとき

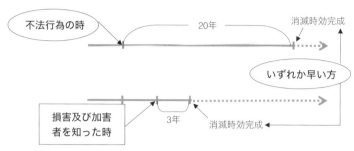

図4　不法行為の消滅時効の完成期間

　20 年間が除斥期間ではなく、消滅時効期間になると、時効の完成猶予や時効の更新の対象となります。

　消滅時効の完成期間は、損害の発生や加害者を知らなくても進行するので、不法行為時から 20 年が経つと、相手の情報などを何も知らなくても損害賠償請求ができなくなってしまいます。したがって、不法行為に基づく損害賠償請求権の権利がある場合には、早めに請求をして賠償金の支払いを受けることが大切です。

図5　不法行為に基づく損害賠償請求権は 20 年で消滅する（イラスト：宮之腰鹿之介）

　また、人の生命又は身体を害する不法行為による損害賠償請求権（改正民法第 724 条2）は、前条1号の規定の適用について「3 年間」とあるのを「5 年間」とします。

☑**Point 2** 欠陥住宅において民法の不法行為責任が認定されるには3つ
条件がある

　民法の不法行為責任が認定されるには図6の3つの条件があり、特に重
要なのが3つ目の「建物の基本的な安全性を損ねる」という条件です。最
高裁は、平成11年7月の判決で図6の4つの具体例を示しました。これ
には雨漏りも含まれています。

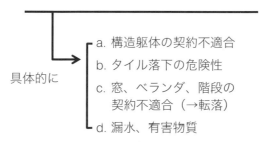

（1）設計者や施工者などに過失がある。
（2）金銭的な損害が発生している。
（3）建物の基本的安全性を損ねる。

　　　具体的に
　　　　　　　a. 構造躯体の契約不適合
　　　　　　　b. タイル落下の危険性
　　　　　　　c. 窓、ベランダ、階段の
　　　　　　　　 契約不適合（→転落）
　　　　　　　d. 漏水、有害物質

図6　不法行為責任認定の3要件
（「建て逃げ許さじ欠陥責任」『日経ホームビルダー』2017.2、pp.26-31）

（1）については、雨漏りの痕跡が見つかったとしても、それだけで賠償
　　責任を負わされることはありません。透湿防水シートの未施工など、
　　施工者側の過失が立証されないと損害賠償責任は認められません。
（2）については、建物の瑕疵によって補修費用など何らかの金銭的損害
　　が生じていることが必要です。
（3）については、最高裁が示した「建物としての基本的な安全性を損う
　　瑕疵」が存在することが必要です。建主にとっては、上述の4項目の
　　具体例が示されたことで、設計者や施工者の責任を追及しやすくなり
　　ました。また、最高裁平成23年7月21日の「別府マンション事件」
　　判決は、図6の「a、b、c、d」の危険に関して、契約者だけでなく、

そこに居住する者、そこで働く者、そこを訪問する者など、建物利用者に訴訟をする資格を認めました。

☑**Point 3**　契約当事者以外も不法行為責任を負うことがある

　これは、平成19年7月6日と平成23年7月21日の最高裁判決で示されました。民法の不法行為責任は、契約当事者以外の責任を追及することも可能です。この場合の不法行為責任を負う相手は、請負人、売主、建設会社、設計者となります。

　建売の場合は、売主だけでなく、発注者（買主）と直接契約を結んでいなくても、重大な瑕疵が見つかれば、発注者（買主）から設計者や施工者が訴えられて不法行為責任を追及される可能性があります。その場合は、時効が20年になります。

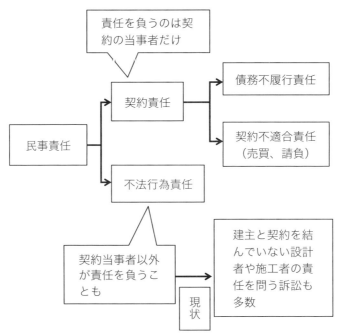

図7　契約責任と不法行為責任の関係

（「建て逃げ許さじ欠陥責任」『日経ホームビルダー』2017.2、pp.26-31）

例えば、建設業の請負で、発注者と元請けでは、元請負人の不法行為について発注者は責任を負わない。元請けと下請間、下請と下請間では、下請企業の不法行為について元請企業（上位下受け企業）も責任を負う。

　民事上の責任は、図7のように契約責任と不法行為責任に大別されます。

　契約責任（債務不履行責任）では、契約を結んだ当事者が義務を履行しなかったことから損害が発生した場合の責任を負います。損害賠償の期間は、引渡しから10年（民法167条1項）です。不法行為責任は、加害事故の当事者間に契約関係がなくても発生し、当事者の意思表示は必要ありません。このように、建築関係者は、いつ矢面に立たされるかわからないのです。

2 欠陥建物の責任は誰が取るのか

　自分が携わった建物は、引渡しから何年にわたり欠陥責任を負うのか、設計者・施工者・工事監理者にとって大きな関心事です。

1. 設計者の責任

(1) 設計者は、契約上の責任を履行する義務を負っている

　設計者が建築主から設計を引き受けて、建築基準法を満足する建物を設計したとすると、建築基準法を満足する限度での構造的安全性、防火・避難上の安全性などは満たされていると考えられます。

　ただし、設計契約上の責任の有無を判断するためには、当該設計行為につき、債務の本旨に従った履行がなされたかどうかが検討されなければなりません。建築主が求めていた安全性が、建築基準法を越える安全性だった場合には、建築基準法に適合する設計をしたとしても、債務不履行と評価され、設計のやり直しや損害賠償義務まで生じる可能性があります。

(2) 設計者は、建築主の要求条件によって設計した設計の主旨と設計内容を建築主に説明する責任と義務を負っている

　設計者は、建築主が求める建物の安全性の内容が、構造耐力なのか、耐久性も含むのか、それとも防火なのか、さらに防犯なのか、使用上なのか、それとも全部なのかを明らかにしなければなりません。それらが単数か、複数または全部であったとしても、予算上の重み付けも明らかにする必要があります。

　さらに、構造上の安全性とは、どのような外力に対してどのような状態を保つことを要求しているのか、倒壊しないレベルなのか、損壊しないレベルなのか、なども明らかにする必要があります。設計者は、建築主の要

求条件によって設計した設計の主旨と設計内容を建築主に説明する責任と義務を負っているのです。

(3) 設計者は、建築主に構造上の安全性レベルの意図について説明する責任を負っている

　構造上の安全性のレベル（強さの指標）については、図8に品確法の住宅性能表示制度上の耐震等級と建築基準法の関連を示します。

　「耐震等級」は、全9項目の「住宅性能表示制度」のうち、最大の「構造安全性」の中心となる項目です。耐震等級は、3段階に分けられ、数百年に一度発生する地震力に対して倒壊・崩壊しない程度の性能等級を示します。品確法は建築基準法よりも「壁量、接合部など」について詳細な検討を行います。

品確法：耐震等級1　　品確法：耐震等級2　　品確法：耐震等級3
＝建築基準法　　　　　＝建築基準法の1.25倍　＝建築基準法の1.50倍

等級1　　　　　　　　等級2　　　　　　　　等級3

図8　建築基準法と品確法の住宅性能表示の比較（イラスト：宮之腰鹿之介）

　建築主が品確法による「構造躯体の倒壊等防止」の耐震等級3相当のレベルで考えていたのに対して、設計者が耐震等級1の設計をしたならば、建築主にその意図を説明しなければなりません。それを怠ると、設計者は、「説明が不十分であった」、「虚偽の説明であった」、「タイミングが不適切であった」など、説明義務に違反したとして債務不履行を問われる可能性があります。

（4）設計者は契約上の責任とは別に、施工にあたって特別の配慮をしなければ欠陥の発生が予想される場合、不法行為責任を負う

　設計者は契約上の責任とは別に、建築基準法に定めのない事項であっても、施工にあたって特別の配慮をしなければ欠陥の発生が予想される場合、詳細な施工方法を指示する義務があると考えられます。

　また、設計者は、法令や条例の定める基準に適合するように設計を行う義務や、設計内容に関して建築主に適切な説明を行う義務を負っています。

　最高裁平成19年7月6日判決では「設計・施工者等がこの義務を怠ったために、建築された建物に建物としての基本的な安全性を損う瑕疵があり、それにより居住者等の生命、身体または財産が侵害された場合には、設計・施工者等は、不法行為の成立を主張する者が上記瑕疵（契約不適合）の存在を知りながらこれを前提として当該建物を買い受けていたなど特段の事情がない限り、これによって生じた損害について不法行為による賠償責任を負うというべきである」、したがって「建物の建築に携わる設計者、施工者及び工事監理者は、建物の建築に当たり、契約関係にない居住者等に対する関係でも、当該建物に建物としての基本的な安全性が欠けることがないように配慮すべき注意義務を負うと解するのが相当である」と示しました。

　建築主は設計の内容に契約不適合があったために、建築された建物に欠陥が生じた場合、設計者に対する契約上の責任や不法行為責任を追及することができます。

2. 施工者の責任

　施工者は建物に欠陥があると、建物の安全性につき、建築主に対して、工事請負契約上の「契約不適合責任」や「不法行為責任」を負いますので、設計図書通りに工事をする必要があります。

　契約不適合責任は、欠陥を生み出したことに落ち度がなかったとしても、工事請負人が負う責任です。建築主は、欠陥の補修や損害賠償を請求できます。また、買主は、売主に対して契約不適合責任を追及することができます。

実際には、設計図書が誤っていたために建物に契約不適合が生じた場合、そのまま施工した施工者に責任はあるのでしょうか。その場合、施工者に設計図書の内容の適否を審査する義務があるか否かが問題となります。しかし、施工者には原則として、設計図書の内容の適否を審査する義務はないのです。したがって、施工者には、原則として責任はないと考えられます。

　不法行為責任とは、請負人に故意や過失が認められる場合の責任であり、欠陥の補修ではなく、損害賠償請求のみが可能となります。建築工事の欠陥が下請業者によって発生したとしても、建築主が契約不適合責任を追及する相手は元請け業者となります。欠陥が下請工事によって生じている場合には、原則として元請け業者、下請け業者のいずれに対しても不法行為責任を追及できます。

　例えば、建築主は雨漏りという契約不適合があることを知ったときから、1年以内であれば、売主が雨漏りの契約不適合を知らなかった場合でも、雨漏りによって生じた損害の賠償を請求できます。その雨漏りの原因は、建物の重要な部分の欠陥によるもので、その欠陥を補修することが事実上不可能な場合など、その契約不適合の存在によって契約の目的を達することができない場合、契約そのものを解除することも可能です。

　一方、施工者は、建物の欠陥が設計の問題によって生じた場合、設計図書の指示通りに工事をしていれば、契約不適合責任を負わないと考えられます。しかし、建築主は、施工者自身が施工技術者として通常の注意をはらっていれば、設計の問題点に気付いたといえるような場合に、不法行為責任を追及できる可能性があります。

3. 工事監理者の責任

　工事監理は、建築士法第2条第7項で定義される建築士の業務であり、工事内容を設計図書と照合・確認することです。

　工事監理とは、建築士法第2条8項「その者の責任において、工事を設計図書と照合し、それが設計図書の通りに設計または施工されているかい

なかを確認すること」を言います。建築士法2条7項では、工事施工者への指摘と建築主への報告の義務もあります。実際のトラブルでは、施工の不具合を見逃した監理者にも責任が生じるかが問題となることが多いです。

　標準業務の内容は、次の通りです。

　a. 工事監理方針の説明等

　b. 設計図書の内容の把握等

　c. 設計図書に照らした検討及び報告

　d. 工事と設計図書との照合及び確認

　e. 工事と設計図書との照合及び確認の結果報告等

　f. 工事監理報告書等の提出

　工事監理者は、工事が設計図書の通りに実施されていないときには、直ちに施工者に対して、その旨を指摘して工事を設計図書の通りに実施するよう求めることができ、工事施工者がこれに従わないとき、建築主に対し報告する義務を負っています（建築士法）。

　建築士法上の工事監理業務では、工事監理者の特段の説明義務の規定はなく、工事監理終了後の建築主への報告義務のみを規定しています。建築主は、設計図書の指示通りに工事がなされず、建物に欠陥が生じた場合、工事監理契約を締結した建築士に対して、契約上の責任や不法行為責任を追求できます。

　工事監理契約の法的性質は準委任契約であり、工事監理者が善管注意をもって、債務の本旨に従った履行をしているか、工事が設計図書通り実施されているかいないかを合理的方法により確認しているかどうかが問われます。したがって、工事監理者は、施工者の契約不適合責任が認められる契約不適合が存在したとしても、必ずしも工事監理者の法的責任には直結しないことに注意を要します。

参考文献

1. 大森文彦「建築物の安全性と建築生産関係者の法的責任」『建築雑誌』2013.3、pp.22-23
2. 弁護士越川佳代子（六本木法律事務所）ウェブサイト　https://kekkan-fukuoka.com/

3 裁判・調停に見られるトラブルの特徴

1. 欠陥住宅とは何か

(1) 裁判・調停に見られる紛争処理の傾向と特徴

　欠陥住宅とは、住宅として「当然あるべき機能」を果たさないもののことです。「当然あるべき機能」の判断は、住宅の条件である「周囲の環境との分断」がうまく行われていないものをいいます。

　裁判・調停で取り上げられている建物の欠陥は、住宅リフォーム・紛争処理支援センターがまとめている『住宅相談と紛争処理の状況』からもわかります。建物の欠陥とその原因については多岐にわたっています。

(2) 住宅種別

　住宅種別における過去 17 年間（2000 年 4 月 1 日〜 2017 年 3 月 31 日、以下同様の統計期間）で終結した紛争処理事件 1023 件の内訳を、図 9 に示します。「戸建住宅」の紛争処理は 65％で最も多く、次いで「共同分譲」が 18％、「戸建分譲」が 14％となっています。

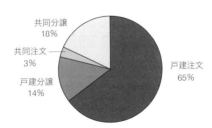

図 9　住宅種別紛争処理事件

(住宅リフォーム・紛争処理支援センター『住宅相談と紛争処理の状況』2017、p.29)

(3) 住宅の引渡しから紛争処理申請までの期間

　図10に、住宅の引渡しから紛争処理申請までの期間を示します。2年未満の期間では、全体の66%を占めており、3年以上になると21%になっています。

図10　住宅の引渡しから紛争処理申請までの期間
（住宅リフォーム・紛争処理支援センター『住宅相談と紛争処理の状況』2017、p.29）

(4) 紛争処理の争点になった主な不具合事象

表2　主な不具合事象（戸建住宅）

不具合事象		当該事象が多くみられる部位
ひび割れ	35%	基礎、外壁
変形	21%	床、開口部・建具
汚れ	13%	床、内壁
雨漏り	10%	開口部・建具、屋根、外壁
はがれ	9%	内壁、床
傾斜	7%	床

（n = 651、複数カウント）

表3　主な不具合事象（共同住宅）

不具合事象		当該事象が多くみられる部位
ひび割れ	22%	外壁、床、内壁
遮音不良	17%	床、開口部・建具
変形	14%	床、内壁、開口部・建具
汚れ	12%	内壁、床
異常音	11%	排水配管
はがれ	11%	外壁、内壁

（n = 192、複数カウント）

（住宅リフォーム・紛争処理支援センター『住宅相談と紛争処理の状況』2017、pp.2-9）

　表2、表3に、「戸建住宅」と「共同住宅」の紛争処理の争点になった主な不具合事象を示します。調査範囲は2000年4月1日〜2016年3月31

日までの843件です。これより、「戸建住宅」の主な不具合事象は、基礎・外壁・床・開口部・建具での「ひび割れと変形」が56％で、全体の半分を占めています。これに対して、「共同住宅」の主な不具合事象は、基礎・外壁・床・開口部・建具で「ひび割れと騒音」が39％で、前者の「戸建住宅」の不具合事象の方が多くなっています。

2. 敷地と基礎に関するトラブル

（1）不同沈下の多くは敷地地盤の問題

図11に、基礎の不同沈下の原因のうち最も多いものを示します。不同

図 11　不同沈下の原因

（日本建築学会『建築士のためのテキスト　小規模建築物を対象とした地盤・基礎』2006.6、p.4）

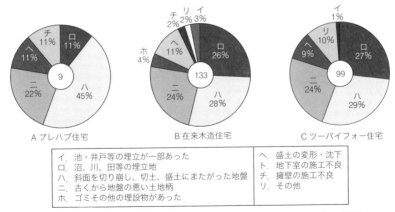

図 12　戸建住宅の種類による不同沈下に関するアンケート調査結果

（藤井衛「最近の裁判・調停に見られる戸建住宅の基礎・地盤における不具合」『建築技術』2004.2、pp.92-93）

沈下は「斜面を切り崩した切土、盛土にまたがった地盤」が最も多く、次いで、「沼、川、田等の埋立地」、「古くから地盤の悪い土地柄」がほぼ同数となっています。微地形の観察は、非常に重要であることをうかがわせています。図12に戸建住宅の種類による不同沈下に関するアンケート調査結果を示します。造成地盤は、不均質な地盤に起因する不同沈下が非常に多いことがわかります。

　裁判や調停においても、造成地盤上のトラブルが多く見受けられますが、裁判や調停までに至るケースは全体からすると稀です。

　次に裁判や調停に見られるトラブルの一例を示します。

a. 住宅会社側にとって明らかに非がある場合は、比較的短期間に話し合いで解決するケースが多いです。しかし、不同沈下の原因が不明の場合、あるいは少なくとも他にも原因があると判断した場合に長期にわたる争いとなります。

b. 造成地盤の場合は、瑕疵となる原因が複数考えられる場合があり、責任の所在を明らかにすることが難しいケースも多いです。

c. 基礎の選定は、造成された地盤の質が悪い場合や、地盤調査方法に問題があったと考えられる場合や、建築主が勝手に工法を決めた場合などです。

d. 設計者から建築主への説明が不十分であると同時に、技量そのものに大きな問題があったときに不同沈下が発生します。

e. 施工した地盤改良体の位置や杭の本数や長さに関して、設計者が建築主の質問に答えられなかったことによる初期の対応の悪さが、建築主の不信感につながり、問題が拡大して複雑化してしまったケースもあります。

　不同沈下の多くは敷地地盤の問題です。設計者は適切な地盤調査を行って、基礎設計を行うことが重要です。また、支持力や沈下の検討だけでなく、周辺の微地形の観察が、基礎を選定する上で重要です。

(2) 沈下障害の内容

　図13に建物の沈下障害に関する苦情を示します。この建物の沈下障害は、不同沈下によって生じた基礎および建物の障害を意味するものです。事象別では、「換気口まわりのひび割れ」が最も多く、次いで「基礎のひび割れ」、「建具の建付け不良」が発生頻度の多い障害となっています。

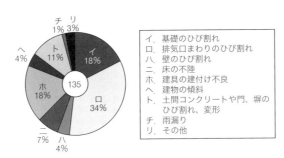

イ.	基礎のひび割れ
ロ.	排気口まわりのひび割れ
ハ.	壁のひび割れ
ニ.	床の不陸
ホ.	建具の建付け不良
ヘ.	建物の傾斜
ト.	土間コンクリートや門、塀のひび割れ、変形
チ.	雨漏り
リ.	その他

図13　沈下障害に関する苦情

(日本建築学会『建築士のためのテキスト　小規模建築物を対象とした地盤・基礎』2006.6、p.3)

　これらの障害は、不同沈下が起これば必ず起こるものではなく、建物の沈下形状によって異なります。

　沈下障害は、建物の使用性や機能性にとって大きな問題となることから、未然に防止することが重要です。沈下障害が発生した場合には、不同沈下による損傷と、その程度を適正に把握し、その上で不同沈下の原因を究明することが必要になります。図14に沈下傾斜の形状分類を示します。

a. 等沈下（傾斜無）
　（ひずみなし）

b. 一体傾斜による不同沈下
　（ひずみなし）

c. 変形傾斜による不同沈下
　（ひずみあり）

図14　沈下傾斜の形状分類 (日本建築学会『小規模建築物基礎設計指針』2008、p.86)

　図14のｂの一体傾斜は、通常起こり得る沈下量のとき、構造的な問題

が生じることは少ないですが、床や柱の傾斜、排水不良などが問題となることが多いです。cの変形傾斜は、基礎および上部構造のひび割れや変形などの構造耐力上の問題とともに、使用性や機能性が同時に問題となります。

3. 建築事件の傾向と特徴

(1) 戸建住宅をめぐる建築事件の傾向と特徴

a) 戸建住宅を巡る紛争では、注文者（施主・建築主）または買主の建物に対する思い入れが強く、瑕疵の主張が細部にわたり、感情的に多数の軽微な不具合が主張されることが多いです。

b) 設計者・請負業者から注文者に対する設計・工事内容の説明が不十分で、工事施工記録等の不備もあり、施工についての注文者の理解不足に起因する注文要求と実際の工事内容が相違する建築紛争も多いです。

c) 設計者・請負業者（下請け業者を含む）においては、注文者（元請け業者を含む）との間の契約書、設計図書及び事前見積書のほか、本工事の裏付け書面はもとより、追加・変更工事の契約書、図面や見積書等が乏しかったり、その不備が見られるので、契約内容の確定など、事実認定を踏まえて進行を図る必要があります。

d) 施主は、不具合事象を抽象的に繰り返し主張したり、本工事、追加・変更工事、工事出来高及び瑕疵に関わる争点に必要な書証（文書の記載内容を証拠書類とすること）の必要性や関連性の精査を欠いたまま書証の申出をすることがあるので、設計者・請負業者は、施主が事実関係をどのように立証しようとしているのか確認し、的確に整理することが必要です。

(2) 集合住宅をめぐる建築事件の傾向と特徴

a) マンションでは構造耐力の瑕疵が主張されることが多く、建築設計、構造設計、施工全般、外装工事全般、防水工事、吹き付け・塗装工事、内

装工事全般、空調工事・給排水衛生工事の問題が同時に取り上げられ、さらに追加・変更工事及び工事出来高が併せて問題にされるため、多数の争点を一度に抱えて運営することが求められます。

b）建設業者から追加工事を主張されたときの注文者（施主・建築主）の反論については、注文者の主張の意味内容を的確に把握しながら進める必要があります。

①「工事に含まれている」（当初の契約内容が不明。最初から要望していた。軽微な変更である）

②「注文したことはない」（注文と違った追加工事、気に入った出来映えではない）

③「追記工事に該当しない」（見積もりミス、瑕疵のある駄目工事、手直し工事にすぎない）

④「有償工事の合意が無い」（サービス工事である）

⑤「代金額について合意していない」（高額すぎる）

c）集合住宅の請負関係では、建物の規模も大きく複雑で、設計・施工・監理の瑕疵などの類型的に異なる多様な瑕疵が複層的に主張され、集合住宅の性質上、瑕疵が広く深刻な事態に陥ることも多いです。

d）売買関係では、瑕疵のあるマンションの一般購入者が、集団でその販売業者や請負業者を相手方として提訴することが多いです。共用部分と専有部分に分けて瑕疵内容を精査し、一般購入者らの訴訟進行の意思統一を図る必要があり、管理組合等の参加を求めることも必要です。

e）集合住宅の争点は、当事者（元請け・下請け等のほか、請負業者と販売業者等）の重層的・複合的状況を踏まえて、その主張を理解して整理します。公正な利害調整は、建築事象の立体的構造を見極めるとともに、関係者が多い中、問題点を多次元で把握しながら時間的かつ空間的な広がりをもって、社会的紛争を的確に分析することが必要です。

(3) 雨漏り現象

右の図15は（財）住宅保証機構の保証の状況（まもりすLetter）ですが、全体の93.3％が屋根・外壁面・外壁開口部・バルコニーの雨漏り関連で補償しています。

雨漏り以外の保証は残りの6.7％になります（2018年度）。驚くべき数字です。

保証状況から見ると、欠陥住宅とされる建物の大半が雨漏りということになります。中古建物はもちろん、新築建物の場合であっても、雨漏り現象の有無を確認する必要があります。

図15　まもりすLetter（(財)住宅保証機構）

雨が降れば必ず雨漏りするような場合は分かりやすいですが、風の向きと強さにより雨漏りする場合や雨漏りしない場合もあるので、判断が難しいのです。雨漏りを補修する場合は、雨漏りの浸出口は明らかですが、雨漏りの浸入口全部を確実に見つけなければなりません。見つけきれない場合には、当然雨漏りが再発します。

散水試験を確実に実施して、雨漏り現象を再現して、その部位が雨水の浸入口であることを証明していくことになります。この立証は簡単ではありません。さらに雨漏り部位の補修工事も簡単ではありません。補修完了後も雨漏りは多く再発しています。

住宅に携わる技術者にとって、「雨漏り撲滅」こそが必須課題ともいえます。新築建物の場合なら、屋根・外壁の2次防水である下葺き材の施工に充分な配慮がなされれば、雨漏りは発生しません。詳細は第4章に記します。

第1章

地盤構造編

1 地盤調査の進め方

☑Point

1 事前調査（資料調査・現地踏査）により地盤の安全性を確認する
2 地形区分と宅地地盤の良否を把握する
3 地名で軟弱地盤を見分ける
4 切土・盛土などの造成形態から不同沈下の危険性をチェックする
5 建築紛争の可能性がある宅地地盤の不同沈下を見分ける

☑**Point 1** 事前調査（資料調査・現地踏査）により地盤の安全性を確認する

　地盤の安全性は、事前調査を行って確認する必要があります。その手順は、次の通りです。

a. 調査地の現状、地盤沈下地域、造成計画など、現地資料を収集します。さらに地域特性として地名や植生なども調べます。

b. 地盤状況（土質、地盤・強度、地下水位など）は、近隣の既往資料により調べます。さらに、地震災害の危険度も調べます。

c. 過去に近隣で行われた地盤補強工事の有無や、施工例などは近隣データにより調べます。

d. 調査地の現状、地盤沈下地域、造成計画などは、現地資料の収集により調べます。

e. 周辺の異常、敷地の履歴、盛土の厚さなどは、現地踏査による近隣からの聞き取り調査により調べます。

　これらのことは、図1の地盤の安全性を確認するための事前調査（資料調査・現場踏査）としてまとめることができます。

図1　地盤調査の進め方 （イラスト：宮之腰鹿之介）

☑Point 2　地形区分と宅地地盤の良否を把握する

　地形図・地盤図、土地条件図などから、敷地の地形区分がわかれば、起こりやすい現象や軟弱地盤による不同沈下の可能性を予測することができます。地形図・地盤図・土地条件図などは、一般に公開されている資料と、地盤調査会社が収集・蓄積した資料を活用することが重要です。

a. 地形図：　敷地地盤の地形の大まかな起伏状態や分布概要を示す

b. 土地条件図：防災対策や土地利用・土地保全・地域開発等の計画策定に必要な土地の自然条件等に関する基礎資料を提供する目的で作成されたので、主に地形分類（山地・丘陵、台地・段丘、低地、水部、人工地形など）について記載

c. 航空写真：地形図よりも高い精度で、地形の変化を読み取る

支持力不足や沈下が問題となるのは、軟弱な“沖積層”です。日本全土の総面積に占める沖積層の割合は約12%程度になっています。沖積層は標高の低い低地に、地耐力のある“洪積層”は、沖積層よりやや標高の高い台地に多く見られます。

　図2に微地形区分ごとの宅地地盤としての良否の目安を示します

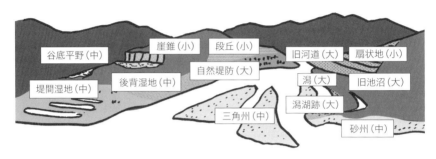

図2　地形模式図による微地形区分（図中の大小は、液状化可能性の程度）

(イラスト：宮之腰鹿之介)

☑Point 3　地名で軟弱地盤を見分ける

(1) 建築の際、軟弱地盤であるかを土地から察知することが重要です。

(2) 軟弱地盤の判断は、地名に「田のつく地名、谷のつく地名、水辺の植物名のつく地名など」に関係する地名がヒントになります。具体的には、どんな地名が軟弱地盤に影響しているのか、居住地域の地名を図3に示します。

(3) 最近は、市町村の統廃合や住居表示化が進んでいる地域があり、本来の地名がわからないことから、旧地名の登記簿に記載されている地番（字地名）を調べて軟弱地盤を見分けることも必要です。

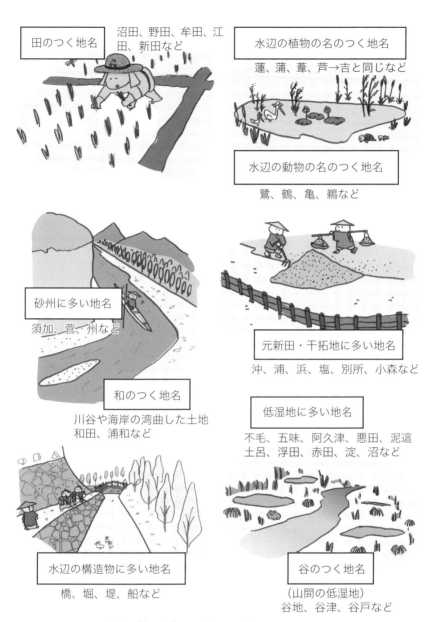

田のつく地名　沼田、野田、牟田、江田、新田など

水辺の植物の名のつく地名　蓮、蒲、葦、芦→吉と同じなど

水辺の動物の名のつく地名　鷺、鶴、亀、鵜など

砂州に多い地名　須加、菅、州など

元新田・干拓地に多い地名　沖、浦、浜、塩、別所、小森など

和のつく地名　川谷や海岸の湾曲した土地　和田、浦和など

低湿地に多い地名　不毛、五味、阿久津、悪田、泥這　土呂、浮田、赤田、淀、沼など

水辺の構造物に多い地名　橋、堀、堤、船など

谷のつく地名　（山間の低湿地）　谷地、谷津、谷戸など

図3　地名で軟弱地盤を見分ける目安 (イラスト：宮之腰鹿之介)

☑Point 4　切土・盛土などの造成形態から不同沈下の危険性をチェックする

　施工者は、地盤が均一の支持力を持つとは限らないことを認識すべきです。特に建物を盛土地盤に建築する場合には、支持力の弱さが予想されます。施工者は盛土であることを知りながら、地盤の支持力が十分か否か調査して、不同沈下を起こさないように配慮すべき義務があります。

　造成工事の発注者や土地購入者は、土地の欠陥や不具合現象と同様に造成工事を行った施工業者や設計者に対して不法行為責任を追及できます。そのためには、次のようなチェックが必要です。

　造成地盤では、表1に示す情報を参考に、造成時期、崖・擁壁、排水設備の構造・断面、盛土材料や盛土の層厚、切土・盛土の境界等を調査することが重要です。その一例を次に示します。

表1　宅地造成の情報

造成前の地盤情報	現況測量図*…(元地盤の土地利用(既存構造物)など)
	地盤調査報告書*…(軟弱地盤の状態と圧密沈下量 試験盛土など)
造成工事の計画・施工情報	概要書*…(計画(調査・設計・施工)全般など)
	宅地造成計画図・切盛土図・擁壁図など*…(盛土厚さや斜面勾配など)
	造成工事施工(計画)報告書 …(盛土材料や施工方、仮設道路・調整池・縦樋等の仮設物の処置など)
	圧密対象層(地下量)等深線図など…(軟弱地盤や長期の沈下に対する改良工法など)
	軟弱地盤の改良対策工…(軟弱地盤や長期の沈下に対する改良工法など)
造成後の地盤情報	動態観測と残留沈下量の解析…(残留沈下量と傾斜角の予測、長期の沈下を含む)
	造成後の地盤調査報告書*…(造成地盤の状態、支持力、残留沈下量など)

[注]＊：基本となる情報　　　　　　　　　　(日本建築学会『小規模建築物基礎設計指針』2013年1月、pp.287)

☑Point 5　建築紛争の可能性がある宅地地盤の不同沈下を見分ける

　施工者・建築主は、東日本大震災以降、地盤を巡る訴訟が多くなり、液状化や不同沈下などの大きな被害を目の当たりじて、建物の地盤に対して厳しくなってきています。これからの設計では、地盤を軽んじていると思わぬトラブルに巻き込まれることがあります。設計する際には、地盤調査

の結果を十分に把握した上で、建物の基礎や地盤改良の方法を選定することが重要です。

(1) 現地踏査では、既存家屋や既存構造物の異常、敷地および周辺の地割れやひび割れなどから、不同沈下の危険性を察知します。

(2) 適切な基礎を選定するためには、表2の不同沈下の原因である「軟弱地盤、建物荷重の偏り、埋め戻し不良、設計不良、盛土の沈下、切盛り造成など」を資料調査や現地試験で確認することが不可欠です。図中の記号は図4に準じます。

(3) また、現地踏査では、表2のチェックポイントを基に、地盤の特性を考慮した上で、問題点を想定しながら的確な基礎の選定を効率的に実施します。

表2　不同沈下の原因例

区分		原因	図番
既存地盤	軟弱地盤	不均一に堆積した軟弱地盤上に建築した場合	a
	建物荷重の偏り	平面的に建築物の重量が偏る場合	b
擁壁等	擁壁等の変位	擁壁の変位などに伴う背面地盤の変位と沈下	c
	埋め戻し不良	擁壁や地下車庫の構築変位などに伴う背面埋め戻し不良による沈下	d
地盤改良	設計不良	工法選定ミスや軟弱層厚が不均一な場合の杭長不足など	e
	施工不良	改良体の支持力不足や腐植土層等による未固化など	f
宅地盛土	盛土の沈下	盛土や建物荷重による盛土自体の変位および下部地盤の沈下	g
	盛土施工不良	不適切な盛土材、転圧不足、盛土時期や盛土厚の違いなど	h
	切盛り造成	切土と盛土にまたがる敷地に建築した場合	i
近隣工事	掘削工事	土質変形や矢板引き抜き、地下水位低下による圧密沈下	j
	盛土および建築物	敷地に近接した盛土や建築物の荷重による沈下	k

（日本建築学会『小規模建築物基礎設計指針』2013年1月、pp.255）

(4) 現地踏査は図4を参考に次の調査を重点的に実施します。

①地盤沈下の危険性は、周辺家屋や道路などの異常（不同沈下や変状など）の状況から調べます。

②不同沈下の危険性は、切土・盛土などの造成形態から調べます。

③新たな盛土は、造成時期や今後の新たな予定を調べます。

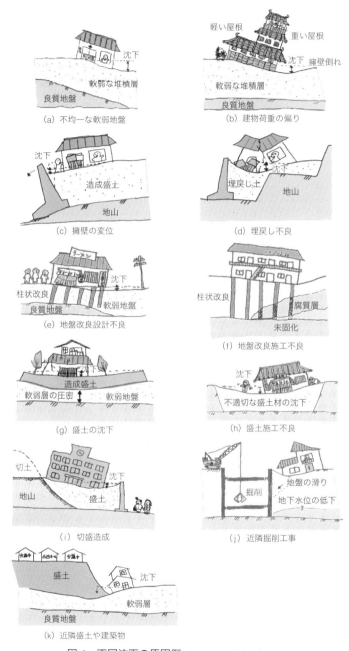

図4　不同沈下の原因例 (イラスト：宮之腰鹿之介)

2 地盤調査法の選定

☑Point

1 基礎設計は竣工時ではなく長期の持続性で評価する

2 法令の観点から適した地盤調査を選定する

3 基礎の構造安全性調査法はスクリューウエイト貫入試験（SWS 試験）、平板載荷試験、標準貫入試験から選定する

4 基礎の種類は地耐力（長期許容応力度）を評価して選ぶ

☑**Point 1** 　基礎設計は竣工時ではなく長期の持続性で評価する

① 住宅の三大トラブル（雨漏り、ひび割れ、傾斜）（図5）は、基礎・地盤の潜在的欠陥の誘因になります。

② 新規造成地は、慎重に扱う必要があります。

③ 不具合は造成の問題ではなく、造成地盤評価の誤りが原因です。

④ 基礎設計の良し悪しは、竣工時でなく長期の持続性をもとに評価します。

⑤ 良し悪しの尺度は、上部構造や基礎の損傷、沈下や傾斜、不同沈下の誘因になります。

図5　住宅の三大トラブル（イラスト：宮之腰鹿之介）

☑Point 2　法令の観点から適した地盤調査を選定する

①改正された建築基準法

②住宅の品質確保の促進法等に関する法律（品確法）

　地盤調査の選定は、建設する戸建・集合住宅の地盤条件に準じて、次の
チェックポイントによって行います。

　a. 支持層の深さと強度を確認する。

　b. 中間砂層や砂礫の深さ、厚さ、粒度組成を確認する。

　c. 軟弱粘性土層の厚さ、強度を確認する。

　d. 帯水層の地下水位の高さを確認する。

　e. 地下水の流れ、有毒ガスの有無などを確認する。

☑Point 3　基礎の構造安全性調査法はスクリューウエイト貫入試験（SWS 試験）、平板載荷試験、標準貫入試験から選定する

　戸建・集合住宅の基礎の構造安全性については、前項の地盤調査の内か
ら「スクリューウエイト貫入試験（SWS 試験と略す）」（2020.10　JIS 規格
改止、名称変更：旧スウェーデン式サウンディング試験）、「載荷試験（平
板載荷試験）」と「ボーリング（標準貫入試験）」から選定するのが一般的
です。地盤調査の流れは図6のように表されます。

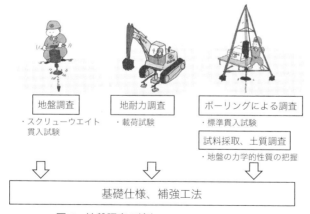

図6　地盤調査の流れ（イラスト：宮之腰鹿之介）

一般的に使用されているSWS試験と平板載荷試験の選定のメリット、デメリットを次に示します。

　わが国の戸建住宅は、木造で2階・3階建てが主流です。木造建物の重量（木造が300 ～ 350kg/m²、鉄骨造1300kg/m²程度、RC造2400kg/m²程度）が軽いこともあり、地盤調査ではSWS試験が行われることが多いです。現実に戸建住宅の90％以上では、コストの関係もあり、SWS試験で行われています。

　地盤調査の後は、地盤の建築予定の建物が必要とする地盤の強度・耐力に応じて「図38　住宅の液状化対策例」、「図39 代表的な地盤補強工法」から、適当な地盤改良工事を選定します。

表3　SWS試験方法の内容

調査内容	スクリューポイントを25cm貫入するのに必要な荷重および回転数を測定することで土の貫入抵抗（貫入量）を求める
調査基準	JIS A 1221
測定値	静的貫入量（Wsw、Nswの総称）、軟弱地盤は10m以上
測定作業の主な用途	a. 概略的な地盤構成　　　c. 小規模建物の長期許容応力度（地耐力） b. 換算N値（N値との関係） ・砂質土の場合　　　　・粘性土の場合　　　　・一軸圧縮強さとの関係（qu） 　N＝2Wsw＋0.067Nsw　N＝3Wsw＋0.050Nsw　qu＝45Wsw＋0.75Nsw (KN/m²)
測定方法（貫入方法）	人力　または　機械式
測定数	3 ～ 5点程度
適用範囲（深度）	10m程度
使用器具	a. スクリューポイント b. ロッド

図7　スクリューウエイト貫入試験（SWS）

表4　平板載荷試験方法の内容

調査内容	直径 30cm 以上の円形鋼製平板に荷重を段階的に載荷し、沈下量を測定することで地盤の長期許容応力度、極限支持力度を求める
調査基準	JGS 1521
測定値	時間、地盤反力係数、極限支持力度、沈下量の関係 ・ $Kv = \Delta P / \Delta S$ (MN/m³) 　　 Kv=地盤反力係数、ΔP=単位面積当たり荷重 (KN/m²) 　　 $\Delta S = \Delta P$ に対する沈下量 (m)
調査結果の主な用途	長期許容応力度 (地耐力)、地盤反力係数、極限支持力度、盛土品質管理
測定量	1 点程度
適用範囲(深度)	a. 60cm 程度 (円形の載荷板幅 30cm として) b. 応力の到達範囲は浅層部である
使用器具	a. 載荷板　 c. 荷重針　 d. 地下計測装置
	b. 載荷装置ジャッキ、載荷ばり、反力装置
特徴	メリット	1. 地盤の許容応力度 (地耐力) を直接的に確認できる 2. 地盤の性状は、平板の直径の 2 倍低程度深さまである(平板の直径が 30cm なら、60cm の深さまで確認できる。また、80cm よりも下の地盤は、上の地盤と同じものであることを前提としている)
	デメリット	1. 根入れ効果を過信しない 2. 測定スペースが広く、一般住宅の地盤調査にあまり適していない 3. 影響する地盤の深さ方向の範囲は、載荷板幅の 1.5 ～ 2.0 程度である 4. 深度方向の調査が困難である

図 8　平板載荷試験方法

裁判例

　盛土の上に建築された建売住宅が約 10m 不同沈下を引き起こし、建物が傾いた。裁判所の見解は、「施工者が地盤調査も行わないで異種構造の基礎にまたがって建築したことは、安全性確保義務に違反している」と判断し、施工者の責任を認め、責任が免れないことを認識させた。賠償責任は、造成事業者や売り主と建設会社が連帯して負うこととされた。基礎の構造については、品確法と建築基準法（施行令 38条）に具体的に規定されている（『日経アーキテクチュア』2002 年 1 月 7 日号、『建築トラブル完全対策』日経 BP、2017 年、pp.80-84、日置雅晴の判例を参考）

☑Point 4　基礎の種類は地耐力（長期許容応力度）を評価して選ぶ

(1) 地耐力とは、地盤の支持力と沈下に対する抵抗力の二つを合わせた指標です。地耐力（長期許容応力度）は、表 5 の建設省告示第 1347 号の「地盤の地耐力（長期許容応力度）と基礎種類（構造）」の関係から直接基礎の構造型式によって選定する必要があります。

(2) 地盤調査は、2000 年以降住宅建設にあたり義務化され、地耐力に応じた基礎構造の選定や地盤改良などを行います。このことは建築紛争の対象となり、設計者の責任が法的に評価されることになります。

(3) 地盤の地耐力が得られない場合は、地盤補強工法（表層改良、柱状改

表 5　地耐力（長期許容応力度）と基礎の種類（建設省告示第 1347 号）

地耐力（長期許容応力度）	基礎の種類（構造）
20kN/m² 未満	基礎杭
20kN/m² 以上、30kN/m² 未満	基礎杭またはベタ基礎
30kN/m² 以上	基礎杭またはベタ基礎または布基礎

※下記の場合はこの限りではない
　＊木造建築物で、茶室・あずまやなど、または延べ面積 10m² 以内の物置、納屋等に用いる基礎
　＊門・塀の基礎　など
　＊20kN/m² 未満の軟弱地盤を地盤改良した場合は、改良後の長期許容応力度として 30kN/ m² 以上を見込むことができ、布基礎の採用が可能
　＊地盤の長期許容応力度が 70kN/ m² 以上の場合の木造建築物等で、施行令第 42 条ただし書きの規定により土台を設けないものに用いる基礎

良、鋼管杭など）から選定する必要があります。

裁判例

　ある住宅の基礎は、設計上ベタ基礎だったのに布基礎に変更した。ところが、地中梁の鉄筋不足により不同沈下が生じた。裁判所は、施工者がずさんな基礎工事をしただけでなく、設計・監理者も欠陥を見逃したと損害賠償責任を認め、連帯して支払うよう命じた。(『日経アーキテクチュア』2013 年 5 月 10 日号、『建築トラブル完全対策』日経 BP、2017 年、pp.201-205、杉山真一の判例を参考)

3 住宅基礎工事のチェックポイント

☑Point

1 ベンチマークの基準点を動かない位置に決める

2 敷地境界線は近隣の方と確認する

3 遣り方は施工図（建物の通り芯、高さの基礎など）通りか確認する

4 根切り深さ・幅・余幅および割栗石関連を基礎断面図と照合する

5 割栗石・目潰し砂利の厚みを基礎断面図と照合する

6 設計かぶり厚さは「最小かぶり厚さ＋10mm」の施工誤差を割増しする

7 建物の基礎には換気口、設備配管の貫通孔を設ける

8 基礎に設置する先付アンカーボルトおよびホールダウン金物の位置を確認する

　基礎工事の施工不良による契約不適合として、次のような点でやり直し費用等の損害賠償が求められた事例が多く存在しています。

　a. 基礎底盤部の厚さ・フーチング幅の不足

　b. 基礎底盤部のコンクリートのかぶり厚さ不足・欠陥

　c. 鉄筋の種類・径、鉄筋本数

　d. 基礎パッキンの設置不足

　e. スリーブ周囲におけるかぶり厚さ不足

　f. ホールダウン金物の欠如、高さの不足など

　最近は、上記のように、基本的安全性を欠き、設計図書の内容に満たないことで契約不適合責任や民法709条の不法行為責任を負うことがあります。そのため、建築物の基礎は、建築基準法施行令第38条1項（基礎）に準じて、建物に作用する荷重および外力を安全に地盤に伝え、かつ、地盤の沈下・変形に対して構造耐力上安全なものとしなければなりません。

☑Point 1　ベンチマークの基準点を動かない位置に決める

(1) 地縄とは、縄張りとも呼ばれ、建物が敷地内においてどのように建てられるのかを確認するための作業です。その目的は、施主・発注者が建物の位置のイメージを確認することです。

(2) 作業方法は、工事着工前に設計図書を確認しながら、縄やビニール紐を地面に張って建物の配置を確かめます。これは、3現主義（現実・現場・現物）の基本です。

(3) 地縄張りでは、現場で建築物や構造物などの位置や高さの水準点（基準点）であるBM（ベンチマーク）を求めて、そこから一定の高さをGL（グランドライン）とします。BMは現場にもよりますが、工事中に撤去しないもので、近隣の既設電柱やマンホール（図9）などのように動かない位置に決めます。

図9　ベンチマーク用確認のマンホール

☑Point 2　敷地境界線は近隣の方と確認する

　隣人と土地の境界線をめぐって紛争になった際は、公的な境界線である「境界（筆界）」と隣接する土地の所有権のおよぶ範囲を画する私的な境界線としての「所有権界」の違いを理解することが重要です。筆界は、一つ一つ地番（筆）ごとに地番の異なる各土地の境界線のことを呼び、公的な不動産登記簿上の境界線です。所有権界は、隣人同士の隣接する土地の所有権の範囲を決める私的境界線です。これは、話し合いや合意で自由に決めたり、変更したりすることができます。

紛争解決のために利用できる具体的な裁判手続きは、筆界については「筆界特定制度」「境界（筆界）確定訴訟」、「所得権界」については「土地所有権確認訴訟」があり、紛争解決にはこれらを紛争の実情に応じて活用することが重要です。

(1) 敷地境界線については、関係者が納得しても隣地の方に納得してもらえない場合があります。第一種・第二種低層住居専用地域内において、建築物の外壁またはこれに代わる柱の面から敷地境界線（道路境界線、隣地境界線）までの後退距離は、1m 以上又は 1.5m 以上（その地域の都市計画で定める）に制限することが建築基準法 54 条 2 項に規定されています。（図 10）。

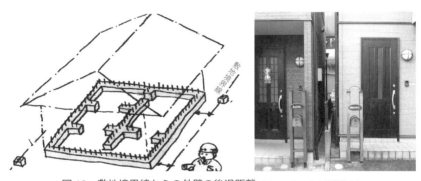

図 10　敷地境界線からの外壁の後退距離（イラスト：宮之腰鹿之介）

(2) 監督・監理・設計者は、たとえ建築上の問題がなくても、事前に隣地

図 11　近隣の方と敷地境界線を確認する（イラスト：宮之腰鹿之介）

の方の了解を得て基礎工事を着工することが重要です。これらの事情が解決されないと、トラブルの原因になることがあります。図11は敷地境界線の確認を隣地の方に納得してもらっている状況です。

(3) 境界石は証拠となるか

境界石と言っても信頼性はさまざまで、正確な境界線からずれて埋設されるものもある一方で、非常に信頼性の高いものもあります。当事者が合意して接したものは境界ではなく、所有権の範囲を表すものである場合もあります。もし、信頼性の高い境界石だったならば、これと一体となる実測図等が存在する可能性が高いです。確度の高い実測図等であれば、それ自体が客観的な境界の存在を明らかにするといえる場合もあります。その確実な証拠は、分筆の際の地籍測量図や制度の高い実測図です。

近隣が工事に好意的でないために、隣地の近隣者と連絡が取れない場合、どのような方法があるでしょうか。

土地家屋調査士は土地の測定を行う時、隣接所有者へ境界の立会い、確認の作業を行います。

a) 土地家屋調査士は、隣接所有者の方々へ立会いならびに事前測量承託のための挨拶廻りを行います。

b) 土地家屋調査士の方から隣接所有者に郵便で依頼するか、又は直接訪ねて依頼します。

c) 土地の所有者は、その土地を管理維持していく必要があります。境界立会いはお互い様と言う気持ちで応じるように説得します。

☑Point 3　遣り方は施工図（建物の通り芯、高さの基礎など）通りか確認する

遣り方のチェックポイントは、工事監理者や施主の立ち合いのもと、地縄を張って建物配置や高さの測り間違いないように確認を行うことです。遣り方は地業工事、土工事、基礎工事を行う大事な工程で、施工図の通り行われることを確認する必要があります。遣り方は、建物の通り芯、高さ

等に基準を示し、さらに建物の位置、基礎の高さ、水平などを決める工程で、地縄張りの外側（50 ～ 100cm 離れている）に杭や板を張り巡らせる作業をいいます。

（1）通り芯の確認

　建物の壁芯は、水貫き板に記された芯墨の位置です。この芯墨に沿って張られる水糸は壁芯を示しており、敷地境界線や道路境界線から水糸の距離が図面と一致しているのか、建物の寸法が東西方向、南北方向、対角線で間違いないかもチェックして確認します。

　図 12 の墨つぼは、壁芯、通り芯などの基準墨となる地墨や腰墨を引くために使用されます

図 12　墨つぼ

　この場合、施工者は設計者に法的な判断を仰ぎ、施主・発注者に説明して了解を得た上で進めることが重要です。図 13、図 14 に基礎の遣り方を示します。

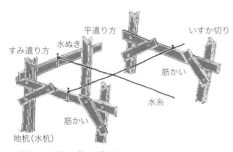

図 13　通り芯の確認（イラスト：宮之腰鹿之介）

図 14　基礎の遣り方

(2) 高さ（基礎天端の印）の確認

杭には完成したときの設計地面の高さを印し、その印から 30mm 以上を基礎天端とします。

遣り方の板を張る高さは、基礎天端と同じ高さにするのが良いと思いますが、水糸が邪魔になるときがあるので、基礎天端より 5cm 以上逃がして張るのが現実的です。図 15 に基礎天端の印の確認方法を示します。

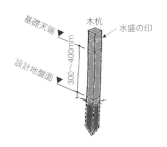

図 15　基礎天端の印（イラスト：宮之腰鹿之介）

☑Point 4　根切り深さ・幅・余幅および割栗石関連を基礎断面図と照合する

根切り（掘り方）では、根切りの深さが図面通りかをはじめ、実際の地盤の固さや地質を広範囲に確認します。根切りの数量は根切り側面を垂直とみなし、その根切り面積と根切り深さによる体積となります。根切りは基礎、基礎梁の構造により「つぼ、布基礎、総掘り」に分類されます。

(1) 根切り深さの精度

根切り深さは、根切り段階で床付けの深さが遣り方の水貫間に張った水糸から床までスケールを当てて計測し、基礎断面図と照合します（図 16、図 17）。根切り深さの精度は、根切り基準線から基礎、地下構築物等の底面までの深さに、捨てコンクリートおよび砂利地業等の厚さ等を加えたものを言います。

遣り方の水貫きは、高さを決定する定規となり、水糸は、柱心や壁心など建物の位置を定める規準となります。

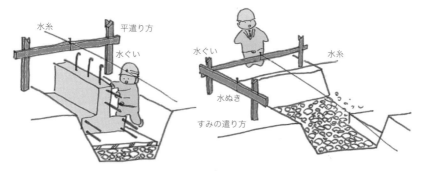

図16　根切り深さの精度 (イラスト：宮之腰鹿之介)

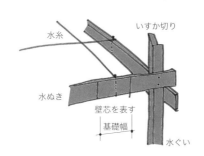

図17 水貫と水糸及び基礎幅 (イラスト：宮之腰鹿之介)

(2) 根切り幅、余幅と作業上のゆとり幅の確認

　基礎底盤の根切り幅はスケールを当てて計測し、基礎断面図と照合します。根切り幅は後に行う目荒らし、あと施工アンカー、配筋等の作業に対して十分なスペースが確保されていることが大切です。余幅と作業上のゆとり幅は、土質と根切り深さとに応ずる係数を乗じた法幅（根切り基準線における根切りのひろがり）の1/2を加えた幅を言います。図18、表6に法付け工法における余幅を示します。表6に法幅の土質（普通土）と根切り深さに応ずる係数を示します。

　作業上のゆとり幅は、0.5mを標準とします。ただし、土間、犬走り等の作業上のゆとり幅は、0.1mを標準とします。また、山留め壁と躯体間の余幅は、1.0mを標準とします。

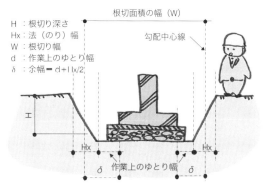

図18　布基礎の根切り深さと余幅（イラスト：宮之腰鹿之介）

表6　ゆとり幅と法幅

	根切り深さ（H）	ゆとり幅（d）	法幅（Hx）
山留め（無）	1.5m 未満	0.5m を標準とする	0
	1.5m 以上　5.0m 未満		0.3H
	5.0m 以上		0.6H
山留め（有）		1.0m を標準とする	―

（枝廣英俊・柿﨑正義ほか4名『建築施工教科書 第三版』彰国社、2001、p.45）

☑**Point 5**　割栗石・目潰し砂利の厚みを基礎断面図と照合する

　割栗地業は、根切り底（基礎底盤を敷くために土を掘削した一番深い部分）を突き固めた後に、建物の荷重に耐えられるように摩擦力の大きい角張った形状で10〜20cm程度の割栗石を一層小端立て（石の細い方を縦に）にします。また、割栗石は、隙間のないように敷き並べて上から目潰し砂利（6〜10cm）の切り込み砂利、切り込み砕石、再生砕石を撒いてから、振動ローラー、タンピングランマーなどで突き固めることが重要です。図19に割栗石、目潰し砂利の施工状況、図20に割栗石、目潰し砂利の厚みを示します。

　割栗地業の締固めは困難ですが、再生砕石地業は緻密に締固めができるのでしっかりとした支持強度が確保できます。

割栗石を敷き並べて、目潰し砂利をならべる

砕石地業：ランマーで突き固める　　　捨てコンクリート地業

図 19　割栗石、目潰し砂利の施工状況

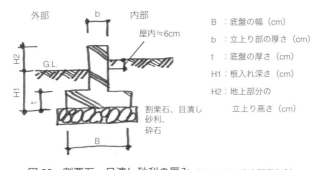

図 20　割栗石・目潰し砂利の厚み（イラスト：宮之腰鹿之介）

☑**Point 6**　設計かぶり厚さは「最小かぶり厚さ＋10mm」の施工誤差を
割増しする

(1) かぶり厚さは、構造体および部材の所要の耐久性、耐火性および構造

性能に重大な影響を及ぼす数値で、設計時に決めるべき値です。

(2) 建築基準法施行令第79条（材料）及び第74条（強度）では表7のように各部位により最低かぶり厚さを規定しています。その法令に適合させるには、「鉄筋・型枠の加工、組立て精度、コンクリートの打込み時の変形・締固めの際の鉄筋・型枠の移動によるずれ」を考慮して、JASS5の規準で規定しているようにつくらなければなりません。

表7　鉄筋のかぶり厚さの寸法

部材の種類		設計かぶり厚さ (mm)		最小かぶり厚さ (mm)		建築基準法施行令かぶり厚さ規定 (cm)
		標準・長期		標準・長期		
		屋内	屋外	屋内	屋外	屋内・屋外
構造部材	柱・梁・耐力壁	40	50	30	40	2
	床スラブ・屋根スラブ	30	40	20	30	3
非構造部材	構造部材と同等の耐久性を要求する部材	30	40	20	30	—
	計画供用期間中に維持保全を行う部材	30	40	20	30	—
直接土に接する柱・梁・壁・床及び布基礎の立ち上がり部分		50		40		4
基礎		70		60		6

（日本建築学会『建築工事標準仕様書・同解説5 鉄筋コンクリート工事』2015、pp.202-203）

(3) JASS 5 では、最小かぶり厚さの規準を設定し、施工精度（誤差）を考慮して設計かぶり厚さを推奨しています。なお、最小かぶり厚さ不足は、建築基準法第79条違反であるため、設計かぶり厚さを最小かぶり厚さより10mm多くした数値としています。

(4) 表7の数値は、鉄筋コンクリート構造体の全ての部分で確保して施工することは非常に困難ですが、下回った部分は法令違反になる可能性があります。また、かぶり厚さ不足は、契約不適合責任の対象となり、施工者責任も法的に免れないこともあります（図21〜図23）

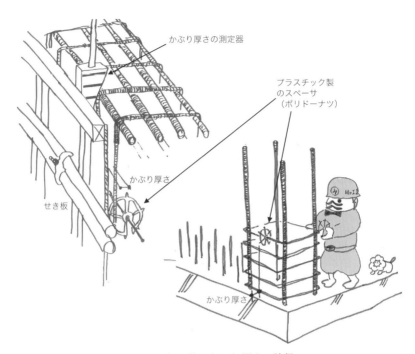

かぶり厚さの測定器

プラスチック製
のスペーサ
（ポリドーナツ）

かぶり厚さ

せき板

かぶり厚さ

図21　スペーサ取付けによる梁・柱のかぶり厚さの確保（イラスト：宮之腰鹿之介）

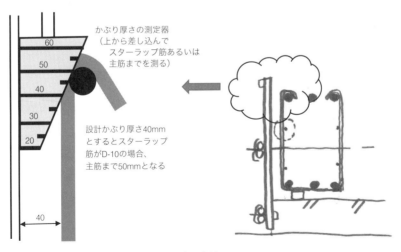

かぶり厚さの測定器
（上から差し込んで
スターラップ筋あるいは
主筋までを測る）

60
50
40
30
20

設計かぶり厚さ40mm
とするとスターラップ
筋がD-10の場合、
主筋まで50mmとなる

40

図22　かぶり厚さの確認方法（イラスト：宮之腰鹿之介）

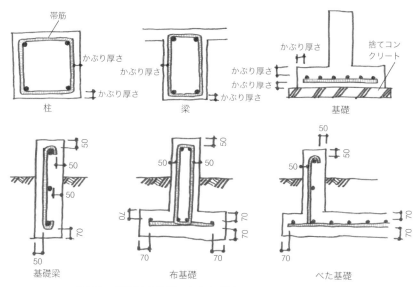

図23　各部位の鉄筋のかぶり厚さ （イラスト：宮之腰鹿之介）

　建物の基礎には換気口、設備配管の貫通孔を設ける

　床下に換気口があることで、外部の乾燥した空気を床下に流入させ、湿気を含んだ床下の空気が外部に排出されるので、床下を適当な湿度に保つようにすることができます。

　床下の換気が不十分な場合に建物に起きるトラブルを防ぐことが重要です。

　a. 床材や床部分の土台、基礎木部を腐食から守る。

　b. 湿気が多い床下に繁殖するカビやダニを防止し、健康被害を防ぐ。

　c. 建物の耐久性を低下させる白蟻が好む湿気を排除する。

（1）木造住宅では、基礎の側面に設けられた換気口から床下に空気が流れるように設計します。そのために建築基準法施行令22条では、外壁下部の基礎に壁の長さ5m以下の間隔で1ヶ所の有効換気面積300cm²以上の換気口を設けることとされています。

56

(2) 公共建築木造工事標準仕様書では、外周部の基礎長さ4m以内ごとに有効換気面積300cm²以上の換気口を設け、防鼠スクリーンまたは防虫網を設置することになっています。

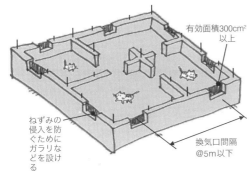

有効面積300cm²
以上

ねずみの
侵入を防
ぐために
ガラリな
どを設け
る

換気口間隔
@5m以下

図24　床下換気口（開口部）（イラスト：宮之腰鹿之介）

図25　ねこ土台の換気口

「ねこ土台」を行う場合は、基礎立ち上がりと土台の間に樹脂製や金属製の基礎パッキンを挟み、直接土台を基礎立ち上がり部に触れさせずに浮かせることで、土台の腐朽を防止し、床下換気を効率よくしています。また、柱下や大引の取合い箇所に90cm前後ごとにねこ土台を入れます。外周部の土台の全面にわたって長さ1m当たり有効換気面積75cm²以上の換気口を設けます。

(3) また、品確法の定める「劣化の低減」の等級1では、建築基準法と同等の基礎外周部の「5m以下ごと」、および等級2、3では、基礎外周部の「4m以下ごと」に床下換気口を設ける必要があるとしています。

(4) 基礎の弱点を補うためには、上部構造の大きな開口の下を避け、必要な補強措置を行います。基礎立ち上がり部に通気口・人通口がある場合は、その周囲を補う補強筋の入れ方・鉄筋径・定着の取り方が重要で、通気口および人通口の周囲をひび割れ防止対策する補強筋を設ける必要があります。

(5) 図 26、図 27 に基礎の補強筋（開口部・人通口・コーナー部）の状況を示します。

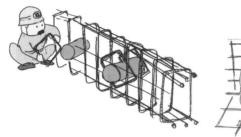

図 26　梁部材の開口補強筋
（イラスト：宮之腰鹿之介）

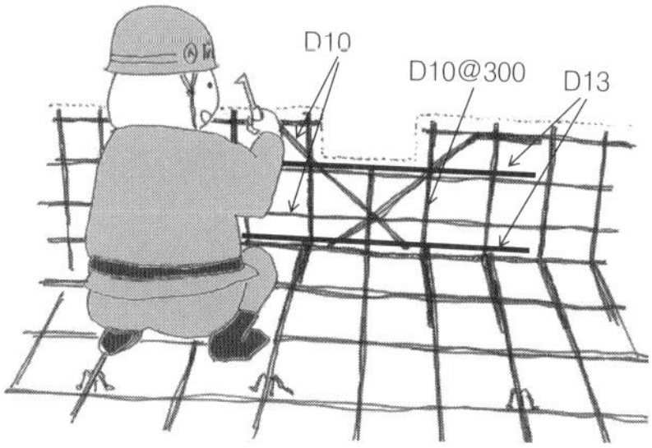

図 27　床下換気口の廻りの補強方法
（イラスト：宮之腰鹿之介）

☑**Point 8**　基礎に設置する先付アンカーボルトおよびホールダウン金物の位置を確認する

　本項は地震に備えて、耐震性を高める 4 大要素の 1、2 です。

(1) アンカーボルトは、地震・台風などの大きな外力が建物にかかる際、土台が基礎からずれたり、浮き上がらないように、基礎と上部構造の土台あるいは柱脚を緊結するボルトのことです。

(2) 基礎に設置するアンカーボルトの位置は次のことを基本とします。

　①土台切れの箇所、土台の継手および仕口の上木端部（端部から 120mm 前後）の位置（男木）

　②筋交いを用いた耐力壁の部分は、両端の柱下部に近接(200mm 以内)した位置

　③出隅については、柱に近接した位置

　⑤それ以外の箇所は、アンカーボルトの間隔 2.7m 以内に設置

　⑥埋め込み位置の許容誤差は、± 5mm

(3) 建築基準法施行令第 42 条では、アンカーボルトの間隔の基準が明記されていません。住宅金融支援機構の仕様書では、2.7m 以内の間隔となっており、公共建築の木造住宅では、1.8m 以内という指導があります。

横浜市建設局では、アンカーボルトのコンクリートへの埋め込み深さを25cm以上と指導しています。

(4) アンカーボルトを正確な位置に埋め込むには、アンカーボルトを基礎に据え付けてからコンクリートを打ち込むのが望ましいです（図28、図29）。

(5) アンカーボルトは基礎コンクリートを打込みした後で通称：「田植え方式」にすると、真っすぐ垂直に埋め込まれないことがあります。アンカーボルトは瑕疵担保責任の対象となり、施工者の責任が法的に義務化されている部分です。

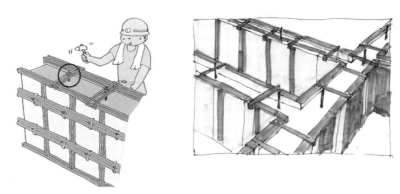

図28　基礎に設置されたアンカーボルト（イラスト：宮之腰鹿之介）

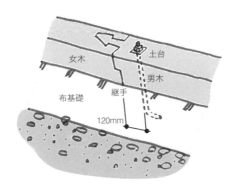

図29　土台継手とアンカー部分（イラスト：宮之腰鹿之介）

(6) ホールダウン金物は、基本的に一定以上の引抜き力のかかる耐力壁の柱と土台又は梁を接合するための金物で構造上重要な金物です。ホールダウン金物は、柱が支えている建物の重さよりも浮き上がりの方が強く、柱が浮き上る場所に設けます。

(7) 耐力壁は、四隅に配置されることが多いため、四隅にある通し柱にホールダウン金物を付けます。引き抜き耐力を確保するには、金物の基礎に対する埋め込み深さを、36cm以上として管理します。

(8) 柱の引抜き力が25kNを超える場合は、Zマークのホールダウン金物で対応できないため、ホールダウン金物を2個使います。ホールダウン金物位置は、設計図、施工図と照合しながら図面通りの位置に設置されているかを確認します。

注）Zマーク表示金物：（公財）日本住宅・木造技術センターが軸組工法用接合金物として制定した規格金物です。

図30　ホールダウン金物基礎と柱または柱と柱を直接緊結するための金物

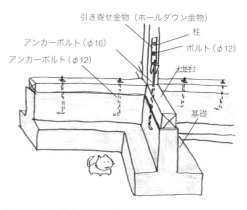

引き寄せ金物（ホールダウン金物）
柱
アンカーボルト（φ16）
ボルト（φ12）
アンカーボルト（φ12）
土台
基礎

図31　柱と土台との金物緊結（イラスト：宮之腰鹿之介）

裁判例

　「ホールダウン金物折り曲げ事件」では、木造2階建ての新築建物の基礎が擁壁外側のわきまで張り出す形の跳ね出し基礎となっており、ホールダウン金物が跳ね出し基礎の形状に沿って90度に折り曲げて施工されていました。実際には、設計図面に記載されている基礎の一部が施工されていないので、擁壁の上に柱が直に載っているなどの問題がありました。

　本件の補修方法は、建物の基礎から上の上屋部分を仮受け柱で一時的に支えて、その間に基礎を斫り、ホールダウン金物を入れて新たに基礎を造り直すというものでした。依頼者は多数の業者に補修工事の見積りを依頼しましたが、施工難度が高いこと、裁判係争中であることから全て断わられてしまいました。

　最終的には、被告が補修工事の設計及び施工上の瑕疵担保責任を負うこと、補修工事期間中の仮住まい費用、引越し費用、瑕疵の調査費用の全額を負担することで和解が成立しました。（弁護士 高木秀治の事例参考、プラス法律事務所の「欠陥住宅問題や建築訴訟に取り組む」資料）

4 建物沈下調査のチェックポイント

☑Point

1 不同沈下しやすい地盤・基礎のトラブルを回避する

2 宅地に起因するトラブルの分析から契約不適合責任を削除する

3 トラブルの傾斜角が 3/1000rad（0.17°）を超えないように沈下を修正する（品確法技術的基準レベル1相当の障害）

　建物に何らの原因で不同沈下障害が発生した場合は、早急に補修して速やかに建築主の不安や精神的苦痛を取り除いて安心させることが必要です。現に不同沈下が生じたからには、必ずそこに原因があるはずです。そのために補修方法がどんな方法でも良いということはありません。

　壁のひび割れや隙間、建具の不具合など、住宅の不具合は不同沈下によることが多くあります。それに対して適正な補修を行うには、ある種の不同沈下障害に対応した工法の選定が必要となります。そのためには、現時点における不同沈下量を把握し、これからの不同沈下量の変化を予測して判断するために、適正な不同沈下量の測定が極めて重要です。

　不同沈下が生じた場合、沈下障害の不具合事象としては次の

　①床や柱、排水管の不良、開口部や引き戸が自然に開閉するなど、上部
　　構造の「使用性や機能性上の問題」

　②適切に設計・施工された建物でも軽微な基礎の変形や損傷などの「構
　　造耐力上の問題」

などが代表的な損傷です。

　これらの損傷は、不同沈下以外でも起こることがありますので、不具合事象だけでなく、不同沈下の状況を第三者的に測定することが重要です。

☑Point 1　不同沈下しやすい地盤・基礎のトラブルを回避する

　地盤・基礎に係るトラブル事象は、既存地盤、擁壁、地盤改良、宅地造成および近隣工事によるものがあります。表8に小規模建築物基礎の不同沈下の事象及び他の事象を調査した結果を示します。

表 8　不同沈下のトラブル事象

区分		原因	図
既存地盤	軟弱地盤	・不均一（軟弱地盤の厚さ、土質が異なる）に堆積した軟弱地盤上に建築した場合	(a) —
	建物自体の荷重の偏り	・平面的に建築物の重量が偏る場合	(b)
	埋設物の埋め戻し	・瓦礫による盛土・ごみの埋設物 ・瓦礫が動いてしまう沈下	—
	地形の変形	・地盤に伝わる荷重バランス ・地層の傾斜・軟弱層の厚さ	—
擁壁等	擁壁等の変位	・擁壁の変位・変状などによる背面地盤の変位と沈下 ・擁壁背面土の陥没（沈下） ・構造物の不安定な擁壁による沈下	(c) — —
	埋め戻し不良	・擁壁や地下駐車場等の構造物による背面埋め戻し不良による沈下	(d)
	擁壁設計不良		—
	その他	・擁壁背面土が不適切な材料 ・擁壁背面土の転圧不良による変形	
地盤改良	設計不良	・工法選定の誤り、設計ミスや軟弱層厚が不均一な場合の杭長不足など ・支持層の判断ミスによる沈下	(e)
	施工不良	・改良体の支持力不足や腐植土層などによる未固化など ・固化不良による沈下	(f)
宅地・造成	盛土の沈下	・盛土や建物荷重による盛土自体及び下部地盤による盛土上の沈下 ・盛土の変形・沈下、盛土による沈下が継続している場合による沈下 ・精度の悪い造成地	(g) — —
	盛土施工不良	・不適切な盛土材、転圧不足、盛土時期、盛土直後の着工や盛土厚さの違いなどの沈下 ・盛土下部の地盤が軟弱	(h) — —
	切盛・造成	・切土と盛土にまたがる敷地に建築した場合などの沈下 ・土砂を谷側へ盛土で造成 ・盛土内部にごみやガラが存在 ・硬質と軟質の地盤の混在	(i) — — —
近設工事	掘削 盛土および 構築物	・隣接地地盤の掘削、土留め変形や矢板引き抜き、地下水位低下による圧密沈下 ・隣接地の盛土、敷地に近接した盛土や近隣建物の荷重のムラによる沈下	(j) (k)

（日本建築学会『小規模建築物基礎設計指針』2013 年、p.256）

表中の図の記号は、前述「1 地盤調査の進め方」の図4の不同沈下の原因例を参照します。これより、局部的変形を伴う不同沈下の場合は、建物側から見て不同沈下の原因を可能な限り究明して特定するか、あるいは複数の原因があるために、結果的に長期にわたる争いになるケースが多くなります。

設計者や施工者は、自らが関わっている工事による近隣建物の不同沈下の可能性を感じたとき、被害者救済の観点から、損傷・損害防止のために専門家としての対応をとることが必要です。

建築工事により被害を受けた、あるいは建築工事に瑕疵があると主張する者は、日常生活の安全性を脅かされたり、予想外の資産価値の減少にさらされたりして、精神的にも苦痛を受けていることが多いです。紛争とその解決如何がもたらす影響は重大です。

裁判例

地盤改良の問題で施工者が地盤改良しなかったことで安全性を欠く建物ができたのは「施工者が当然なすべき施工をしなかったからである」、また、設計・監理者に対しては、「適切な監理をしないで施工者のずさんな地中梁の施工による鉄筋不足などの基礎工事を見逃し、様々な欠陥を抱える建物を完成させ、注意義務を怠った」と指摘した。

(『日経アーキテクチュア』2013年5月10日号、『建築トラブル完全対策』日経BP、2017年、pp.201-205、杉山真一の判例を参考)

☑Point 2　宅地に起因するトラブルの分析から契約不適合責任を削除する

地盤・基礎にかかわるトラブル事象には、図32に示すように、「Ⅲ：設計に起因する事例」のような技術的問題を除けば、「Ⅰ、Ⅳ、Ⅴ」のような、建築主が無理な工期や不十分な工費を要求した結果によるものや設計者、施工者の怠慢によるものが含まれています。

さらに、「Ⅰ：宅地・盛土に起因する事例」の29％を「100％」として詳細に分析すると、軟弱地盤は全体の20％で、これは不均質な軟弱地盤の層厚の違いを考慮しないことによります。

　宅地トラブルの80％は、造成地盤の影響です。転圧不足は、造成時の埋

No.	名称
Ⅰ	宅地・盛土に起因する事例
Ⅱ	隣接工事に起因する事例
Ⅲ	設計に起因する事例
Ⅳ	施工不良に起因する事例
Ⅴ	地盤調査に起因する事例

図32　トラブル事象別の名称

(品川恭一・藤井衛「戸建住宅基礎の不同沈下に関する不具合事象の原因」『地盤工学ジャーナル』Vol. 9、No. 1、2014年1月、pp.89-92)

め戻し土の不適切な施工に起因するものが目立ちます。

　これらのトラブル事象には、複数の原因があると判断されることが多く、瑕疵として長期にわたり紛争となっていることが多いです。トラブル事象は、瑕疵担保責任の対象となり、設計者や施工者の責任が法的に義務化されている部分です。

☑**Point 3**　トラブルの傾斜角が3/1000rad（0.17°）を超えないように沈下を修正する（品確法技術的基準レベル1相当の障害）

(1)　不同沈下で問題となるのは、沈下の絶対量ではなく基礎の傾斜（傾斜角の設計目標値：3/1000以下）あるいは変形（変形角の設計目標値：2.5/1000以下）の度合いです。

(2)　住宅の不同沈下の形態には2種類あります。図33「b」のように建物の変形がない傾斜角タイプ（一体傾斜）と「c、d」のような変形角タイプ（変形傾斜）があります。

(3)　一体傾斜の不同沈下（傾斜角タイプ）は、上部構造に大きな障害が発生せず、修復も比較的簡単な事例が多いです。

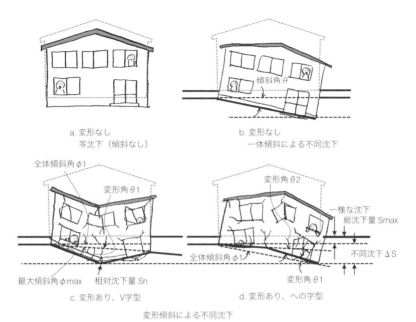

図33　各種沈下量と傾斜・変形角（イラスト：宮之腰鹿之介）

(4) 変形傾斜の不同沈下（変形角タイプ）には、V字型とへ字型があり、変形角が発生した位置付近において上部構造にひび割れなどの障害が発生します。修復も大がかりとなることが多いです。

(5) 一体傾斜による不同沈下は、角度が大きいと居住者に目まいなどの生理的苦痛を感じさせます。

(6) 表9の「傾斜角と機能障害程度の関係」では、およそ6/1000（水平距離1mに対して6mmの高低差）が不同沈下として重度の障害と見なされています。

(7) トラブルは、床面の傾斜角が3/1000以上で発生する頻度が90％を占めています。

(8) 建物の沈下障害を考える場合には、傾斜量と変形量から沈下の原因および損傷程度を適切に把握することが瑕疵担保のために重要です。

表9　傾斜角と機能障害程度の関係

傾斜角	障害程度
3/1000 （0.17°）	品確法技術的基準レベル−1 相当
4/1000 （0.23°）	不具合が見られる
5/1000 （0.29°）	不同沈下を意識する 水はけが悪くなる
6/1000 （0.34°）	品確法技術的基準レベル−3 相当 不同沈下を強く意識する
7/1000 （0.40°）	建具が自然に動くのが顕著に見られる
8/1000 （0.46°）	ほとんどの建築物で建具が自然に動く
10/1000 （0.52°）	配水管の逆勾配
17/1000 （0.97°）	生理的な限界値

（伊奈潔・藤井衛他「戸建住宅の不同沈下による障害と傾斜角および変形角の関係」『日本建築学会構造系論文集』No. 614、2007.4、pp.61-68）

5/1000(0.29°)　　　　6/1000(0.34°)　　　10/1000程度(0.29°程度)
窓に隙間　　　　　　ものが転がる　　　　　　めまい

図34　傾斜角と居住者が感じる変状（イラスト：宮之腰鹿之介）

表10　変形角と損傷程度の関係

変形角	障害程度
2/1000	損傷が明らかでない範囲
2〜3/1000	建付と内外壁の損傷が 5 割を超え損傷発生が目立つ。内外壁の損傷は 0.5mm 程度、建付隙間 3mm 程度、木工仕口隙間 2mm 以下
3〜5/1000	損傷程度が著しくなる。基礎亀裂の拡大傾向が見られ、無筋基礎、内外壁の損傷が 0.5mm 程度、建付隙間 5mm 程度、木工仕口隙間 2mm を超える
5〜8/1000	多くの損傷発生が 5 割を超え顕著。有筋基礎でも多くの建築物で 0.5mm を超える亀裂、内外壁の損傷は 1mm、建付隙間は 10mm を超え、木工仕口隙間は 4mm 程度以上となる
8〜12/1000	損傷程度はさらに著しくなるが損傷発生率は頭打ち塑性的傾向を示す。有筋基礎でも 1mm 程度の亀裂、内外壁の損傷 2mm 程度、建付隙間 15mm 程度、木工仕口隙間 5mm 程度となる

※なお、これらの値は実態調査や実績による平均的な値であり、目安である。

5 液状化のチェックポイント

☑Point

1 液状化しやすい地形・地盤などの条件を見抜く

2 液状化の可能性判定を適正に行う

3 液状化が発生する地形・地域での建物設計法を適正に選定する

4 地盤補強工法は、適用範囲、施工深度、地下水位などの条件で選定する

5 選定する地盤補強工法の注意点を事前に確認して設計する

1964 年以降の 5 つの大きな地震により、地盤の液状化が発生して、建築構造物は甚大な被害を受けてきました。軟弱な沖積層や厚い盛土地盤上の建築構造物では、地震被害が大きくなっているほか、盛土、擁壁および崖などの崩壊により建築構造物に致命的な損傷を与えています。被害を拡大させた要因は、戸建住宅の「建築確認の特例」があることも見逃すことができません。

それは「四号建築物」に係わる建築確認の特例として規定されています。特例の確認審査において、四号建築物で建築士が設計・工事監理を行った場合に構造関係規定など一部の規定の審査が省略できるとされています。

このような規定下でも、設計者は液状化の被害を予測して安全性を確認し、構造的に安全・安心な宅地や建築物を提供する義務があります。液状化による沈下・傾斜が生じた場合は、設計者の構造安全性に対する確認が不十分であったと言えるのです。建築主・設計者はこの事実を強く認識する必要があります。

☑Point 1　液状化しやすい地形・地盤などの条件を見抜く

(1) 液状化は、地下水に浸った砂質地盤が、強い地震動によって一定の条件に該当する地域や地盤に発生して、建築物が地中に沈む現象です。現在は宅地となっていても、以前は河川敷であったとか、海辺や沼地を埋め立てて宅地となった地域で、主に地盤面より下の層の含水率が高い砂層で発生しています。図2から微地形区分ごとの宅地地盤としての良否を検討します。

(2) 地震が起きた場合には、上述の地域や条件により図35のように、砂と砂が離れて水に浮いた状態になり、その後、砂が地面下に沈み、水が地面から吹き出します。よって、建築物は地盤の支持力が著しく低下すると傾き、転倒しながら沈下することがあります。

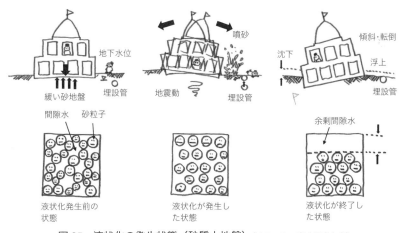

図35　液状化の発生状態（砂質土地盤）(イラスト：宮之腰鹿之介)

(3) 液状化は、埋立て地盤や盛土などの人工造成地盤や比較的最近に堆積した沖積層で地下水位が高く、緩く堆積した砂質地盤で発生しやすいと言えます。場合によってはシルト・礫地盤でも発生します。また、液状化は、一度発生した地層でも再液状化の可能性があると考えた方がよいです。

(4) 戸建住宅（小規模建築物）を新築する場合や宅地を購入するときには、表11の液状化により被害を受けやすい地域（地形）、地盤と基礎・建物、及び図2、図36の微地形からみた液状化しやすい地盤を考慮することが重要です。

表11　液状化により被害を受けやすい地域（地形）、地盤、基礎・建物

分類		被害を受けやすい地域（地形）、地盤
地域 （地形）		①過去に液状化の履歴がある地域 ②過去に湿地や水田であったところに盛土造成された地域 ③過去に河川の流路であった地域 ④海岸近く（臨海部）や埋め立て地の地域 ⑤旧河道、旧沼地、砂丘間低地、盛土地、埋立地及び若く・新しい造成地 ⑥三角州（デルタ）地域 ⑦砂・泥質で傾斜の緩い谷底平野 ⑧海岸砂丘の裾・砂丘と砂丘の間の低地 ⑨砂鉄や砂利を採掘した跡地の埋め戻し地域
地盤		①地下水位が3m以浅（地表マイナス1m以浅、含水率が高い）の砂地盤 ②地下水位が地面から10m以内にある場合 ③特にN値が10以下（締まり具合が緩い）の砂地盤 ④緩く堆積した砂質土の層と緩いシルト層が存在する ⑤あまり締まっていない（柔らかい）砂質土 ⑥砂質土の成分が粒径の揃った細砂や中砂の地盤 ⑦埋立て地や海岸沿いの低地に広がる軟弱地盤上の砂質の盛土地盤 ⑧海岸沿いの緩い傾斜した新しい盛土地盤
地震動 からの地盤		①地表面より深度20m程度以浅の沖積層 ②砂質土で粒径が比較的均一な中粒砂である場合 ③細粒分含有率が35%以下の土層 ④N値が概ね15以下の砂地盤 ⑤地下水で融和した緩い砂質地盤 ⑥地下水位が地表面から20m以浅の深さにある場合
基礎・建物	基礎	①ブロックの基礎 ②鉄筋の入っていない、または鉄筋量の少ない基礎
	建物	①長い開口部を持つ建物 ②開口部の位置が隅角部を挟んで二面に広がったりして、ねじれ破壊が生じやすい建物 ③壁が少ない建物、またX方向とY方向の壁長のバランスが悪い場合 ④建物重量が軽く、基礎が浅い木造住宅は傾斜や沈下などの被害を受ける可能性がある

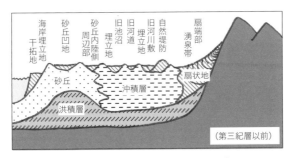

図36　地震時に液状化しやすい地盤

（「液状化調査について」ジャパンホームシールド㈱事業推進部パンフレット）（イラスト：宮之腰鹿之介）

　当該敷地における液状化の可能性については、原則として設計者が判断することになります。その際は、構造計算を必要とする建物（建築基準法第20条1〜3号、同6条1項1〜3号）と国土交通省告示1113号2項（建築基準法規定、平成13年）をはじめ、地域の「液状化危険度マップ」、液状化履歴に関する情報、地震被害（液状化）マップなどを用いて、十分な液状化対策をしていた場合には告知義務及び説明責任を負わないので、不法行為には当たりません。

　大地震や建物被害を受けて液状化の知見が当時より高まっており、今後は同種の事象であっても責任が肯定される可能性があります。そのため、発注者（売主）は知見に基づき適切に液状化に対する事前対策を纏めておくことが有効です。

☑Point 2　液状化の可能性判定を適正に行う

　図37は、小規模建築物（戸建住宅）を対象として、「**1** 地盤調査の進め方」の **Point 1**「資料・事前調査」で計画地の既存資料をはじめ微地形区分や地方自治体で作成された地盤調査データ、同上の **Point 2**「地形図・地盤図、土地条件」および広域的情報や国土交通省の「液状化危険度マップ」を活用して、図37により液状化の可能性を簡易判定できるようにまとめたものです。

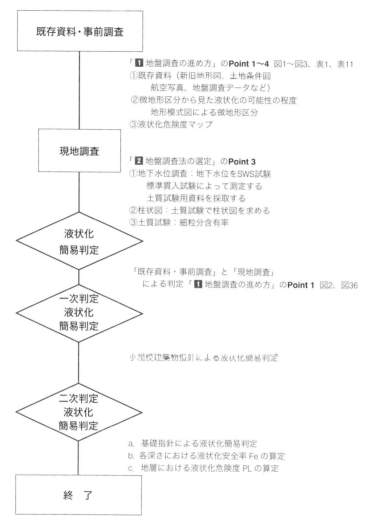

図37　液状化判定の手順

（NPO住宅地盤品質協会「小規模建築物の地盤の液状化簡易判定法（修正）」）（イラスト：宮之腰鹿之介）

　液状化の判定手法は、日本建築学会『建築基礎構造設計指針』に加え、国土庁・東京都都市整備局も測定範囲や想定する地震動をもとに指針を策定しています。表12に各機関による液状化判定手法を示します。

表 12　各機関による液状化判定手法

判定手法	概要	想定する地震動	必要調査
建築基礎構造設計指針	地表面から深さ20mまでの範囲で、各深さの等価な繰返しせん断応力比と飽和砂層の液状化抵抗比を設定し、液状化発生に対する安全率（F_L値）を判定する。	想定に応じて、地表面水平加速度値とマグニチュードを別途定める。	ボーリング調査 ・土質区分 ・N値 ・地下水位 ・細粒分含有率 ・粘土分含有率
国土庁の液状化判定法	地表面から深さ5mまでの範囲で、非液状化層厚と液状化対象層の液状化可能性の評価値を設定し、地盤表層の液状化可能性を判定する。	地表面水平加速度値200（cm/s²）相当	SWS試験 ・土質区分 ・地下水位
東京都都市整備局	液状化発生に対する安全率を示す指標として規定されている「F_L値」を用いて判断する。「F_L値」は、地表面から深さ方向に1mごとに算出する。	震度5強程度（震度6強以上の地動を想定する場合もある）	ボーリング調査 ・土質区分 ・N値 ・地下水位 ・細粒分含有率 ・粘土分含有率 静的貫入試験（SWS試験）

（日本建築学会『建築技術者のためのガイドブック　小規模建築物を対象とした地盤・基礎』2015年4月、p.41)

裁判例

　東日本大震災での液状化現象で家屋が傾くなどの被害を受けた千葉県浦安市の住宅分譲地では、分譲した会社などを相手取った住民訴訟が相次いだ。しかし、東日本大震災は日本観測史上最大級の地震であり、内閣府の定める被災家屋認定の運用指針でも液状化について特別の規定がなかったことに言及した。今回は、このような大規模かつ継続時間の長い地震が発生して液状化被害が発生することを予測することが困難であり、予測可能性はないと結論付けた。さらに、国土交通省（2011年4月）や震災で液状化が多発した千葉県建築指導課では、建築基準法で求めているのは、想定される範囲での確認で、今回の震災で生じた液状化は想定外と見てよいだろうとの見解を示した。これより、予測可能性がない以上、その結果回避可能性を論じる必要がないとされた。（『日経アーキテクチュア』2015年1月25日号、『建築トラブル完全対策』日経BP、2017年、pp.26-31、林陽子他の判例を参考）

☑**Point 3**　液状化が発生する地形・地域での建物設計法を適正に選定する

　これからは、千葉県東方沖地震、東日本大震災などで軟弱な地盤の液状化被害の実態が知られている以上、今後の土地の売買にあたって説明責任を求められる可能性があります。地震に備えて、耐震性を高める要素は次の３項目と考えられます。

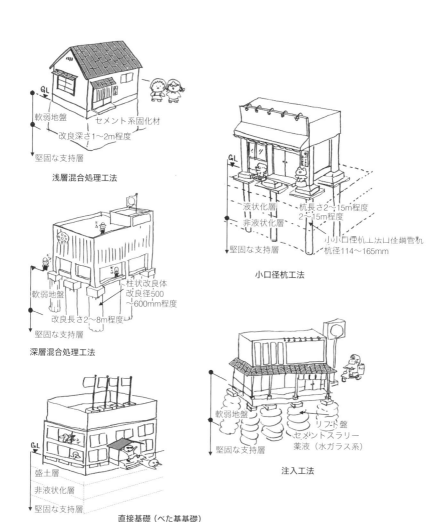

GL
軟弱地盤　　セメント系固化材
改良深さ1〜2m程度
堅固な支持層
浅層混合処理工法

軟弱地盤
柱状改良体
改良径500
〜600mm程度
改良長さ2〜8m程度
堅固な支持層
深層混合処理工法

GL
盛土層
非液状化層
堅固な支持層
直接基礎（べた基礎）

GL
液状化層　　杭長さ2〜15m程度
非液状化層　2〜15m程度
堅固な支持層
小口径鋼杭工法□住鋼管杭
杭径114〜165mm
小口径杭工法

軟弱地盤
リフト盤
セメントスラリー
薬液（水ガラス系）
堅固な支持層
注入工法

図38　住宅の液状化対策例（イラスト：宮之腰鹿之介）

(1) 地盤補強工法の種類を選定するには、敷地の地形および地盤の条件を考慮して、自沈層の有無、施工深度、地下水位および有機質土（腐植土）の有無を把握します。

(2) 液状化対策の基本的な考え方は、一つ目が「液状化の発生を防止」、二つ目が「液状化の程度を軽減」、三つ目が「基礎構造を頑丈にして液状化に抵抗できるようにする」ということです。小規模建築物の場合は、中地震程度の地震動によって液状化が発生し、そのことによって建物に不同沈下の被害が生じるなどの可能性が高いことから、その対策が必要です。

(3) 液状化の可能性があると判定された場合の地盤補強工法としては、図33に「柱状地盤補強や杭基礎、矢板壁、べた基礎、浅層混合処理など」に関する対策例を示します。これらの液状化対策工法は、沈下そのものを防ぐものではなく、不同沈下の発生やその影響をできるだけ抑制するものです。

☑**Point 4**　地盤補強工法は、適用範囲、施工深度、地下水位などの条件で選定する

　地盤補強工法は、自沈層が存在する深度によって選定します。自沈層の深度が浅く、それ以深は安定した地盤の場合、浅層混合処理工法を選定します。深い深度まで自沈層が存在する場合は、深層混合処理工法や小口径鋼管杭工法のような杭状地盤補強を選定します。地盤の沈下、許容支持力度および液状化について、いずれも問題がないと判断した場合は、地盤補強を行う必要はありません。

　図39、表13に代表的な地盤補強工法の適用範囲と地下水位、注意事項などを示します。

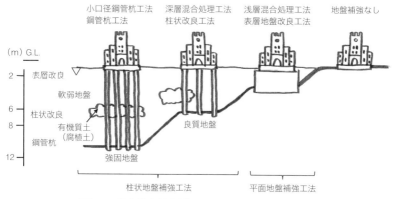

図39 代表的な地盤補強工法 (イラスト:宮之腰鹿之介)

表13 地盤補強工法の適用範囲

工法名 \ 項目	適用深度	地下水位	適用できない地盤
浅層混合処理工法	G.L.−0.5〜−2.0m	地下水位以深の施工は困難である	高有機質土
深層混合処理工法	G.L.−1.5〜−8.0m	伏流水など地下水に流れがある場合は施工できない	高有機質土
小口径鋼管杭工法	G.L.−3.5〜 100D 程度 (D:杭径)	鋼材の腐食対策として、外面に1mm程度の腐食しろを考慮する	特になし

(日本建築学会『建築技術者のためのガイドブック 小規模建築物を対象とした地盤・基礎』2015年4月、p.50)

地盤補強工法の注意事項

①各地盤補強工法の施工可能な深度をあらかじめ確認する。

②浅層混合処理工法の場合、地下水位以深での施工が困難となる。

③セメント系固化材を用いた地盤改良工法(浅層混合処理工法、深層混合処理工法)は、有機質土(腐植土)を含む土の場合、固化不良となることがある。

④小口径鋼管杭の場合は、座屈を考慮した設計とする。

☑**Point 5** 選定する地盤補強工法の注意点を事前に確認して設計する

地盤改良工事（地盤補強工事）は、軟弱な地盤それ自身を固める地盤改良と、既成の杭を打ち込む工法から選定します。地盤改良は硬質地盤でなくても建物を安全に支持することができるので、戸建住宅の基礎補強で広く採用されています。土が固まらないような地盤の場合で支持層が確認できる場合は、既成の杭を支持層まで打ち込んで建物を支持させる工法が適用されます。

地盤改良には、3種類の工法（表層改良、柱状改良、鋼管杭工法）があり、地盤の強度（N値）を改良することができます。

(1) 表層地盤改良工法（浅層混合処理工法）

建築で用いられている地盤改良工法は、主として締固め工法と固化工法で、液状化対策や地耐力の増大を目的として適用します。締固め工法系は、敷地全体の地盤改良に重きを置いているのに対し、固化工法系は、建物直下の地盤補強に重きを置いています。

適用地盤の条件は、次の通りです。

①適用基準は、改良深さが 0.5 ～ 2.0m 以浅の軟弱土を対象とし、改良範囲が基礎底盤端から 0.5m 以上外側までとします。

②地層は、粘性土で N 値＞ 3、砂質土で N 値＞ 4 で、連続する層のとき採用します。

③下部地盤層厚は 2.0m 以上とします。

④設計基準強度は、150 kN/m² とします。

適用外地盤は、次の通りです。

①軟弱層が GL － 2m を越える地盤で圧密沈下の恐れがある地盤

② pH ＞ 4.0 の地盤

③施工上問題となる伏流水がある地盤

④改良深度よりも地下水位が高い地盤

⑤産業廃棄物や生活廃棄物が堆積している地盤

(2) 柱状改良工法（深層混合処理工法）

　柱状改良工法は、軟弱地盤の土にセメントミルク（セメント系固化材と水を混ぜたもの）を注入・撹拌して、地中に柱状の改良杭を造る工法です。

　適用地盤の条件は、次の通りです、

①適用基準は、軟弱層が GL － 2m を越えて GL － 8m 程度まで分布している場合です。住宅建物の場合、改良径は ϕ 600 ㎜以上、改良長は 5m ～ 8m 程度とします。

②採取箇所は、改良長 5m 以下の場合に改良長の範囲内で最も軟弱な層で 1 ヶ所、5m を超える場合に深度 5m の範囲内で最も軟弱な層で 1 ヶ所とします。地層は、粘性土で N 値＞ 3、砂質土で N 値＞ 4 で、連続する層のとき採用します。

　改良土の設計基準強度は、600kN/㎡ を上回ることを確認します。

　適用外地盤は、次の通りです。

①含水比が 50％を超えるピート層が存在する地盤

② pH ≦ 4.0 の地盤（酸性土）

③現地土に有機質土が含まれる地盤

④ SWS 試験による自沈荷重（Wsw）が 500N 未満の地盤

⑤産業廃棄物や生活廃棄物が堆積している地盤

(3) 鋼管杭工法（小口径鋼管杭工法）

　鋼管杭工法は、杭先端のみで建物の荷重を支持したりする場合に、一般

図 40　柱状改良工法（深層混合処理工法）による作業状況

構造用炭素鋼鋼管 STK-400 を用いて、小規模住宅を支える支持杭工法です。地盤である土に手を加えて良好な地盤を造るのではなく、地中深くにある支持地盤まで鋼管杭を打ち込み、地中から建物を支える地盤改良工法です。

　適用地盤の条件は、次の通りです。

①適用基準は、軟弱層が GL－8m を越えて GL－15m 程度まで、あるいは GL－8m 以深まで連続して分布している場合に適用。

②鋼管深さは 2.0 ～ 20.0m。鋼管径・肉厚は径がφ 114.3mm ～ 267.4mm、厚さが 4.5mm 以上。

③鋼管長さは、径の 130 倍以下。

④先端支持地盤は、N 値 15 ～ 50 まで対象ですが、小規模建築物の場合に N 値≧ 15 で、支持（下部）地盤層厚が 2.0m 以上連続する層

　適用外地盤は建物と周囲の地盤との兼ね合いで極端に地盤沈下が発生する場所で、この工法を使用すると建物の抜け上がり現象が発生することがあります（超軟弱地盤や腐植土が厚く堆積している地盤に盛土をしたときなど）。

第2章

構造躯体編

1 レディーミクストコンクリートの工場選定

☑Point

1 生コンの購入先は JIS A 5308 適合品質を製造できる認定工場とする
2 コンクリート技術者が常駐しているか
3 練混ぜから荷下ろしまで 90 分以内で到達できるか

　発注者が生コンを購入する際には、当然工場の品質管理が良く、製造された生コンの品質が優良であることを期待して求めます。しかし現状は、信頼しきれない面もあり、ユーザーとしての独自の工場調査が必要です。技術者は、生コン購入の際に練混ぜ、運搬などの作業だけでなく、技術力を含めて購入しています。生コンを使用する場合には、事前に工事現場周辺の生コン工場を調査し、設計・施工上の要求性能を満足するコンクリートを製造・供給することができる工場を選定しなければなりません。

☑Point 1　生コンの購入先は、JIS A 5308 適合品質を製造できる認定工場とする

　レディーミクストコンクリート（以降：生コンと省略）工場の選定にあたっては、JIS 表示認定工場であり、全国統一品質管理監査で JIS マーク表示を認められた工場であれば、一定の品質管理状態で製造されているとみなすことがで

図1　JIS マーク承認工場

きます。その場合でも工場が品質を保証しているわけではありません。
　生コンは、荷下ろし地点までの品質を保証するものであって、荷下ろし、受取り後の扱いが重要です。このことから、現場に適した、かつ品質変動の少ないコンクリートを製造できる工場を選定することが大切です。

また、生コン工場が適合性の認証を受けていない場合には、JIS A 5308の規定と JIS Q1001 及び JIS Q1011 を参考にして、その工場の製品規格・使用材料、製造工程管理・製品の品質と管理状態を調査して選定します。

☑Point 2　コンクリート技術者が常駐しているか

　生コン工場には、コンクリートの製造、施工、試験、検査および管理さらにコンクリートの調合設計などの技術的業務を実施する能力のある技術者（コンクリート主任技士など）が常駐している必要があります。技術者とは、コンクリート主任技士・コンクリート技士・技術士（建設部門）・一級及び二級建築士・1級及び2級建築施工管理技士のいずれかです。

☑Point 3　練混ぜから荷下ろしまで 90 分以内で到達できるか

　コンクリートの練り混ぜからの経過によっては、スランプまたは空気量の低下、コンクリート温度の上昇が生じます。これらのことを解消するために、コンクリートは打込み時間、交通規制や渋滞などを考慮して、表1のような現場までの運搬時間が確保できる生コン工場を選定することが望ましいです。

表1　各仕様書によるコンクリートの運搬時間

区分	レディーミクストコンクリート JIS A 5308（2014）	公共建築工事標準仕様書 2010	日本建築学会 JASS 5（2015）	土木学会コンクリート標準示方書（2007）
範囲	練混ぜを開始してから荷卸し地点に到着するまで	練混ぜから打ち込み終了まで	練混ぜから打ち込み終了まで	練混ぜから打ち込み終了まで
限度	1.5 時間以内	$T > 25℃$：90 分 $T ≦ 25℃$：120 分	$T ≧ 25℃$：90 分 $T < 25℃$：120 分	$T > 25℃$：90 分 $T ≦ 25℃$：120 分

　なお、練混ぜから打込み終了までの時間は、JASS 5 で高強度コンリート・高流動コンクリートについて、外気温にかかわらず原則として 120 分以内と規定されています。また、渋滞等で遅れる場合には「流動化剤」の段取りが必要となります。

2 納入伝票のチェックポイント

☑Point

1 発注したレディーミクストコンクリート（JIS A 5308、JASS 5）に適合していることを納入書で確認する

2 生コンの容積は、納入書に記載した値を下回ってはならない

レディーミクストコンクリート製品の売買を行う場合には、その製品の品質が要求性能を有しているかどうかを確かめるため、試験・検査を行います。生産者が行う試験・検査には、工程管理のために行われている「製造時の品質管理」と荷下ろし時に行う「品質保証のための検査」があり、ユーザーに対して品質保証するための検査です。

それに対して、購入者（施工者）が行う試験・検査には、「受入れ時の品質確認のための検査」（受入れ検査）と「打込み直前（構造体）のコンクリート検査」および「コンクリートが打ち込まれて構造体となったコンクリートの品質検査」の3種類があります。

☑Point 1 発注したレディーミクストコンクリート（JIS A 5308、JASS 5）に適合していることを納入書で確認する

(1) 購入者は、発注者の運搬の都度、1運搬車ごとに、生コンを受け入れた際に納入書を必ず確認します。図2に工事現場におけるコンクリートの納入伝票の受取りおよび表2の納入書における納入時刻発から到達までの運搬時間を把握するとともに、コンクリートの種類、スランプ、呼び強度などの内容を確認します。

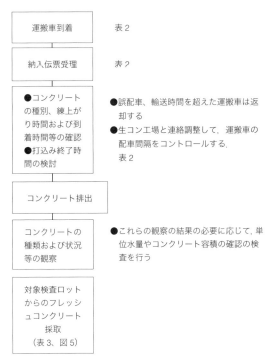

図2 工事現場におけるコンクリートの納入伝票の受取り

（日本建築学会『コンクリートの品質管理指針・同解説』1991.7、p.173）

表2 レディーミクストコンクリート納入書（「レディーミクストコンクリート」JIS A 5308、2019）

	レディーミクストコンクリート納入書			No.	
		殿		平成　年　月　日	
			製造会社名・工事名		
納 入 場 所					
運 搬 車 番 号					
納 入 時 刻		発		時	分
		着		時	分
納 入 容 積			m³	累計	m³
呼 び 方	コンクリートの種類による記号	呼び強度	スランプ又はスランプフローcm	粗骨材の最大寸法mm	セメント種類による記号
備考　配合の種類：　□標準配合　　□修正標準配合					
荷受職員認印			出荷係認印		

(2) JIS A 5308 の運搬時間（練混ぜから荷下ろしまで）は 1.5 時間以内とされていますが、運搬路の交通規制、渋滞、不測の事態を考慮すれば、現場に到着時間がわかったとしてもいろいろな理由で、すぐに打込みできないこともあります。購入者と協議のうえ、現場までの運搬時間は、1 時間以内を目安にします。

(3) 表 2 の記入を見て、正しく注文した通りの製品が納入されているかどうかを確認しなければなりません。

次に納入書に記載される主な項目を示します。

a. 納入先、 b. 納入場所、 c. 納入月日、 d. 納入時刻

e. 納入容積、 f. 配合表、 g. 荷受職員認印、 h. 出荷係認印

(4) 現場で荷下ろしするまでは、製造者の責任です。これを要求する施工者（発注者）は製造工場の品質管理について、事前に確認して契約・購入すべきであるといえます。

☑**Point 2** 　生コンの容積は、納入書に記載した値を下回ってはならない

(1) 生コンの容積は、荷下ろし地点でレディーミクストコンクリート納入書に記載した容積を下回ってはなりません。

(2) プラントは、主要材料に対して各材料別の貯蔵施設を備えていなければなりません。

(3) 生コンの容積は、1 運搬車に積載された全質量をフレッシュコンクリートの単位容積質量で除して求めます。

(4) 運搬車内に残コンクリートがある場合には、所要の品質が確保されないことと、正規の容積に対して過積載になることがあります。

3 受入れ時のチェックポイント

☑Point

1 生コンの受入れ検査は発注者が確認する

2 生コン車（アジテータ車）内のコンクリートは均一になっているか

3 フレッシュコンクリートの受入れ検査は打込み前に実施する

4 構造体コンクリートの圧縮強度の判定基準に適合しているか

発注者（施工者）が行う試験・検査には、

a. 受入れ時の品質確認のための検査（受入れ検査）

b. 打込み直前（構造体）のコンクリート検査

c. コンクリートが打ち込まれて構造体となったコンクリートの品質検査
の三種類があります。

荷下ろし時の検査は、ユーザーに対する品質保証のために行います。

生コンの打込み時には、注文した生コン通りに来ない、あるいは見た目
の軟らかさや施工性からコンクリート調合が発注時の条件に適合している
か不安なことが起きます。

試料の試験については、生コンの受入れ時に、荷下ろし時に行う「受入
れ時の品質確認のための検査」（受入れ検査）と「打込み直前（構造体）の
コンクリート検査」を発注者（施工者）が試験代行業者に有料で委託して
いることがあります。

☑Point 1　生コンの受入れ検査は発注者が確認する

(1) 発注者は、コンクリートが所定の品質を満足しているかどうか、また
　　施工に適しているか速やかに検査を図3の荷卸し／受入れ検査地点で行
　　い、表3で判定しなければなりません。

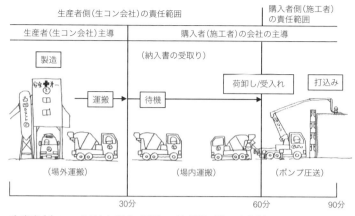

図3　生産者(生コン会社)と購入者(施工者・発注者)の責任範囲 (イラスト：宮之腰鹿之介)

(2) 検査は、発注者が要求した品質であるかを調べ、範囲を外れた場合には不合格として受け取らないことができます。

☑Point 2　生コン車（アジテータ車）内のコンクリートは均一になっているか

(1) コンクリートの受入れ検査量は、母集団を代表するもので、試料採取で偏りがないようにしなければなりません。

(2) 受入れ側の技術者は、生コンの荷下ろし時に必ず目視検査を行い、異状が無いことを確認して受け入れることにします。

(3) コンクリートの排出直前には、運搬によって生コンが材料分離を生じている可能性もあるので、トラックアジテーターのドラムを短時間かつ高速回転させて撹拌し、コンクリートを出来るだけ均一化した後に、打ち込まれる前に検査します。

☑Point 3　フレッシュコンクリートの受入れ検査は打込み前に実施する

(1) 生コン車は、1車ごとに納入報告書を持ってきているので、現場に到着したらこれを受け取り、当現場が発注したコンクリートかどうかを確

かめます。

(2) 図4、図5に工事現場におけるコンクリートの受入れ検査業務の流れ、図6にコンクリート工事工程における品質検査と責任区分を示します。

表3　フレッシュコンクリートの検査の試験項目・方法・回数及び判定基準

試験項目	試験方法	試験回数	判定基準
・コンクリートの種類 ・呼び強度 ・指定スランプ ・粗骨材の最大寸法 ・セメントの種類 ・輸送時間 ・納入容積	納入書による確認	受入れ時、運搬車ごと	発注時の指定事項に適合すること
単位水量	調合表およびコンクリートの製造記録による確認	打込み当初および品質変化が認められた時.	規定した値以上であること
アルカリ量*	材料の試験成績表、配合報告書およびコンクリートの製造記録による確認	打込み日ごと	$R_t = 0.01 \times R_2O \times C + 0.9 \times Cl$ → R_n で計算した場合 3.0kg/m² 以下 $R_t = 0.01 \times R_2O \times C$ で計算した場合 2.5kg/m² 以下
ワーカビリティおよびフレッシュコンクリートの状態	目視	受入れ時、随時 ①圧縮強度試験供試体採取時 ②構造体コンクリートの強度試験用供試体採取時 ③打込み中、品質の変化が認められた場合	ワーカビリティがよいこと 品質が安定していること
スランプ	JIS A 1101		
空気量	JIS A 1116 JIS A 1118 JIS A 1128		JIS A 5308 の品質規定によるJIS A 5308 の品質規定によらないレディーミクストコンクリート場合、特記による。特記のない場合は、JIS A 5308 に準じる
塩化物量	JIS A 5308 付属書5 JASS 5T-502	海砂などの塩化物を含む恐れがある骨材を用いる場合は打込み当初、および150m²に1回以上 その他の場合は1日1回以上	
軽量コンクリートの単位容積質量	JIS A 1116	受入れ時、随時	コンクリートの単位容積質量の実測値と調合計画に基くフレッシュコンクリートの単位容積質量の計算値との差が±3.5%以内であること

[注]＊：アルカリ量の試験・検査は、JIS A 5308 の付属書1の区分Bの骨材を用い、アルカリ骨材反応抑制対策として、コンクリート 1m³ に含まれるアルカリ量（酸化ナトリウム換算）の総量を 3.0kg 以下とする対策を採用する場合に適用する。

（日本建築学会『コンクリートの品質管理指針・同解説』1991.7、pp.107-108）

(3) 受入れ検査は、図4、図6に示すフレッシュコンクリートの試験項目・方法・回数及び判定基準の規準値を満足するように確認します。コンクリートの検査結果が不合格と判定されたものを用いてはなりません。

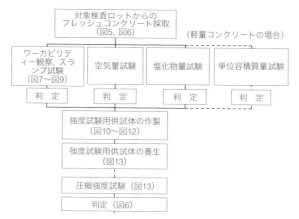

図4　工事現場におけるコンクリートの受入れ検査業務の流れ
（日本建築学会『コンクリートの品質管理指針・同解説』1991.7、p.173）

生コン車から試料採取

荷卸し時/受け入れ時

排出されるコンクリート全面から一定間隔で3個の供試体を3回以上採取。排出の初めと終わりから採取しないこと

ポンプ筒先から試料採取

打込み直前

配管の筒先でコンクリート流の適当な間隔において3台の運搬車から1個ずつ合計3個の供試体を採取する

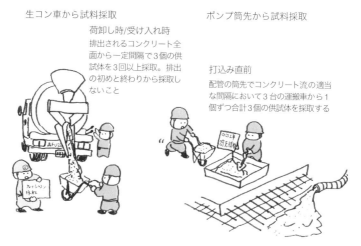

図5　荷下ろし時および打込み時のフレッシュコンクリートの試料採取　(イラスト：宮之腰鹿之介)

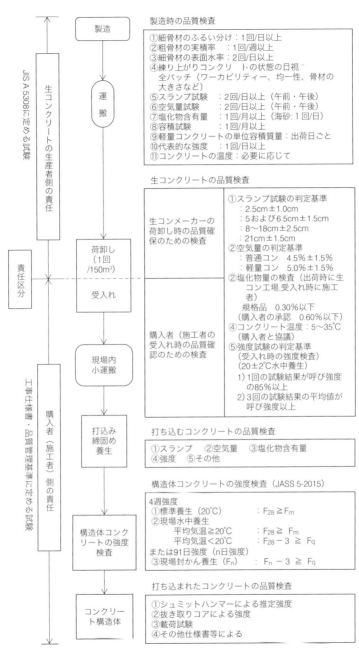

図6　コンクリート工事工程における品質検査と責任区分

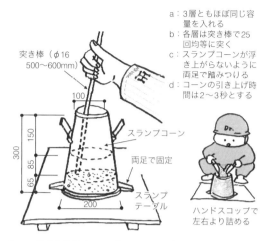

突き棒（φ16
500〜600mm）

100

300
150
85
65

200

スランプコーン

両足で固定

スランプ
テーブル

a：3層ともほぼ同じ容
　量を入れる
b：各層は突き棒で25
　回均等に突く
c：スランプコーンが浮
　き上がらないように
　両足で踏みつける
d：コーンの引き上げ時
　間は2〜3秒とする

ハンドスコップで
左右より詰める

図7　スランプ試験機具とコンクリートの詰め方（イラスト：宮之腰鹿之介）

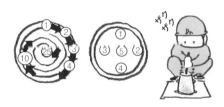

ザク
ザク

図8　コーンへの突き棒の突き手順（25回が原則、①〜⑤ ×5回 / 層）
（イラスト：宮之腰鹿之介）

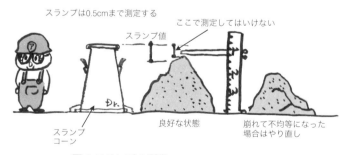

スランプは0.5cmまで測定する

ここで測定してはいけない

スランプ値

スランプ
コーン

良好な状態

崩れて不均等になった
場合はやり直し

図9 スランプの測定（イラスト：宮之腰鹿之介）

1層目を突く
10cm

2層目は、1層目に突き棒が届くようにする

20cm

10cm

各層とも8回ずつ突き棒で突く
（分離ぎみの場合は4回程度）

符せん（検印）

20cm

10cm

10cm

符せんは、障子紙程度の厚さの和紙が適する。大きさは6×4cm程度がよい。工事名、打込み日、打設部位、ロット番号、責任者名などを記入する。

図10　強度用供試体作製と符せん（検印）の位置（イラスト：宮之腰鹿之介）

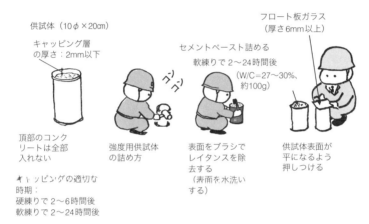

供試体（10φ×20cm）

キャッピング層の厚さ：2mm以下

頂部のコンクリートは全部入れない

★キャッピングの適切な時期：
硬練りで2～6時間後
軟練りで2～24時間後

強度用供試体の詰め方

セメントペースト詰める

軟練りで2～24時間後
（W/C=27～30%、約100g）

表面をブラシでレイタンスを除去する
（表面を水洗いする）

フロート板ガラス
（厚さ6mm以上）

供試体表面が平になるよう押しつける

図11　強度用供試体への詰め方とキャッピング（イラスト：宮之腰鹿之介）

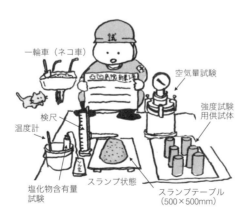

一輪車（ネコ車）

空気量試験

検尺

温度計

強度試験用供試体

塩化物含有量試験

スランプ状態

スランプテーブル
（500×500mm）

図12　スランプ試験、空気量、温度、塩化物含有量試験、強度供試体

（イラスト：宮之腰鹿之介）

生コン生産者側の責任　　　　　　　　　　購入者（施工者）側の責任

生コンの強度＝呼び強度　　　　　　　構造物の強度＝仕様書に示された
　　　　　　　　　　　　　　　　　　　　　　強度（構造体コンクリート）

荷卸し地点で生コン車から採取した供試体

標準水中養生20℃±2℃（一定）

現場水中養生（屋外水槽温度）

打込み時に採取した供試体

図13　生コン生産者側と購入者（施工者）側による圧縮強度の養生方法

（イラスト：宮之腰鹿之介）

☑Point 4　構造体コンクリートの圧縮強度の判定基準に適合しているか

　構造体コンクリートの圧縮強度の判定基準を評価するには、次の内容を確かめることが必要です。

(1) 表4に構造体コンクリートの試験方法、図14に構造体コンクリートの圧縮強度の判定基準を示します。

(2) 構造体コンクリートの圧縮強度の検査は、工事現場で試料採取して作

表4　打込み前または荷卸し地点で行うコンクリート強度検査の目的と試験方法
（高強度は除く）

項目 時期または地点	検査の主体	検査の目的	試験方法				判定の基準
			試験の回数	供試体の採取	養生方法	試験材齢	
打込み直前または荷卸し地点	工事施工者	構造体コンクリート	構造体の強度推定	1回/150m³	適当な間隔をおいた3台の運搬車から1本ずつ合計3本を採取し、1回の試験とする	標準養生 現場水中養生 現場封かん養生	28日 (n 日) (91日)	令第74条 S56告示第1102号 JASS5
			型枠・支柱取外し時期の決定	必要に応じて適宜		現場水中養生 現場封かん養生	随時	令第76条 S46告示第110号 JASS5

94

製した円形供試体の圧縮強度試験によって行います。

(3) 1回の試験には、適当な間隔をおいて3台の運搬車から1個ずつ採取した合計3箇の供試体を使用します。

(4) 試験結果の判定は、1回ごとに行います。

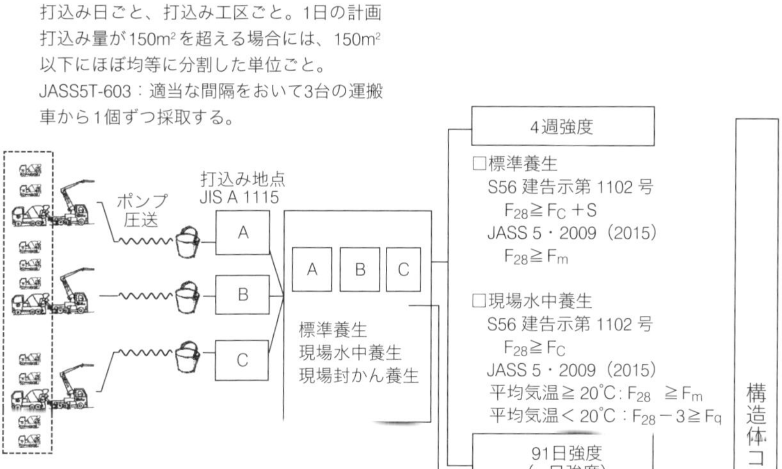

打込み日ごと、打込み工区ごと。1日の計画
打込み量が150m²を超える場合には、150m²
以下にほぼ均等に分割した単位ごと。
JASS5T-603：適当な間隔をおいて3台の運搬
車から1個ずつ採取する。

ポンプ
圧送

打込み地点
JIS A 1115

A

B

C

A B C

標準養生
現場水中養生
現場封かん養生

4週強度

□標準養生
S56 建告示第 1102 号
$F_{28} \geqq F_C + S$
JASS 5・2009（2015）
$F_{28} \geqq F_m$

□現場水中養生
S56 建告示第 1102 号
$F_{28} \geqq F_C$
JASS 5・2009（2015）
平均気温 $\geqq 20℃：F_{28} \geqq F_m$
平均気温 $< 20℃：F_{28} - 3 \geqq F_q$

91日強度
（n日強度）

□現場封かん養生
S56 建告示第 1102 号
$F_{28} \geqq 0.7F_C$ かつ $F_{91} \geqq F_C$
JASS 5・2009（2015）
$F_n - 3 \geqq F_q$

脱型時強度

□現場水中養生
□現場封かん養生
S46 建告示第 110 号

湿潤養生打切り強度

寒中コンクリート
初期養生打切り強度

PC導入時強度

構造体コンクリートの強度検査

凡例			
F_{28}：材齢28日の圧縮強度	F_n：材齢n日の圧縮強度
F_n：呼び強度の強度値	F_C：設計基準強度
F_m：調合管理強度	F_q：品質基準強度
S ：構造体強度補正値	n：28を超え91以内

注1：構造体コンクリート強度の検査は、1回の試験
で1検査ロットとする。
注2：荷卸し地点で行う検査には、表4にあるとおり、
図14に示す工事施工者が行う検査とは別に、製
造者が行うJIS A 5308（レディーミクストコン
クリート）の規定に基づく検査がある。（表3、
図6の一部）

図14　構造体コンクリートの圧縮強度の判定基準

（東京都防災・建築まちづくりセンター『建築工事施工計画等の報告と建築材料試験の実務手引』2019 年度版、p.309）

裁判例

　阪神・淡路大震災を経験した注文者が、耐震性を高めるために請負契約上特に重要な内容としていた断面が 300mm × 300mm の柱を使わないで、断面が 250mm × 250mm の柱を使用した点が、仕事の目的物の契約不適合にあたるかを争った事件で、これを契約不適合と認定する判断を示した。請負契約における瑕疵担保責任は、いわゆる主観的瑕疵がある場合にも成立することを最高裁として初めて認めたのである。（松本克美「建物の瑕疵と建築施工者等の不法行為責任　最高裁 2007/7.6 判決の意義と課題」『立命館法学』2007 年 3 号（313 号）、pp.100-101（774-775））

4 打込み前のチェックポイント

☑Point

1 コンクリートポンプ機種ならびに圧送条件を合理的に選定する

2 型枠の組立および建込精度を確認する

3 打込み日の天候の急激な変化に対する準備を行う

4 打込み区画、打込み順序は打込み計画書通りであることを確認する

5 コンクリートの打込み・締固め機器の性能を確認して準備する

6 打込み前には、型枠内に異物が混入していないことを確認する

7 生コン車の動線が施工計画書通りであることを確認する

☑**Point 1**　コンクリートポンプ機種ならびに圧送条件を合理的に選定する

　所要のコンクリートの品質が得られるように、コンクリートポンプ機種ならびに圧送条件を合理的に選定することが重要です。

(1) コンクリートの圧送については、圧送後のコンクリートの品質を考慮して、コンクリートポンプの種類および台数、輸送管の径、配管経路、吐出量等を計画します。図15、図16、表5、表6に場外・内の運搬機器と運搬距離、能率などを示します。

図15　スクイズ式機構とコンクリートポンプ車 (イラスト：宮之腰鹿之介)

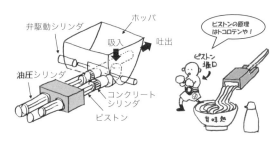

図 16　ピストン式機構 (イラスト：宮之腰鹿之介)

表 5　コンクリートの運搬機器の概要 (JASS5 一部抜粋)

項目	運搬機器	運搬方向	可能な運搬距離 (m)	標準運搬力	動力	主な用途	スランプの範囲 (cm)	備考
場外運搬	トラックアジデータ	水平	〜500〜30km			一般・長距離	8〜28 (建築用)	1) JIS A 5308.8.4 (運搬) による 2) 運搬時間：1.5 時間以内 (練り混ぜ開始から荷卸し地点)
場内運搬	コンクリートポンプ	水平鉛直	〜500〜200	20〜70 (m³/h)	内燃機関電功機	一般・長距離・高所	8〜21	1) 軟練用建築工事に多用 (中継ポンプもある) 2) 吐送負荷による捲種選定、ディストリビュータあり 3) 圧送能力：1 台あたり 40 〜 90m³/hr
	コンクリートバケット	水平鉛直	〜100〜30	15〜20 (m³/h)	クレーン使用	・一般・高層RC ・スリップファーム工法	8〜21	1) 揚重時間計画重要 2) 手押し車、ポンプ、ベルトコンベヤー等で水平方向に運搬 10 〜 15m³/hr
	カート	水平	10〜60	0.05〜0.1 (m³/台)	人力	・少量運搬 ・水平専用	12〜21	桟橋必要
	ベルトコンベヤ	水平やや勾配	5〜100	5〜20 (m³/h)	電動	水平専用	5〜15	分離傾向あり、ディストリビュータあり
	シュート	鉛直斜め	〜20〜5	10〜50 (m³/h)	重力	・高落差 ・場所打ち杭	12〜21	分離傾向あり、ディストリビュータあり
その他		斜め	〜5	10〜15 (m³/h)	重力	練直し打込む	—	1) シュート先端にバックルプレートや長さ 60cm 以上のロート管 2) 水平距離 5m 以下

表6　コンクリートポンプ種類による特徴（場内運搬）

プロセスフロー	管理項目	測定方向	測定頻度	管理基準	備考
コンクリートポンプの種類	ピストン式 液圧式	往復のピストンによりフレッシュコンクリートを押し出すタイプ	・定置式 （長時間使用） ・トラック搭載式（建築工事で多用） ・トレーラー搭載式（日本の道路事情で生産が小）	メーカーの仕様書による	1) 液圧式と水圧式がある 2) 液圧式は機械式に比べコンパクト
	スクイズ式	2本の円筒形の筒の回転式のローラーによりコンクリートを絞り出す			・取扱いが簡単 ・普及率が高い
	空気式プレーサー	圧縮空気でコンクリートを押し出す			・トンネル工事に多用
	ダイヤフラム式	水圧をダイヤフラムを介在させて押出す			・小規模の圧送

(2) コンクリートポンプ車は、ブームの届く範囲に設置します。

(3) コンクリートの圧送量、打込み速度などの実情を示します。

  a. 生コンの供給能力；60 〜 90m³/時、400 〜 700 m³/日

  b. コンクリートポンプ圧送能力（打込み速度）：20 〜 50 m³/時、100 〜 400 m³/日

  c. 締固めが十分できる打込み速度（径45mm棒型振動機1台当たり）：10 〜 15 m³/時、60 〜 90 m³/日

  d. 1回の柱の打込み高さ：40 〜 50cm以下、打込み速度は2m/時以下を標準とします。

☑**Point 2**　型枠の組立および建込精度を確認する

(1) 型枠の位置および寸法精度は、表7の値を確保するために、墨出し作業によって正確に定めます。型枠の側圧は、打込み順と打上がりまでの回数を決定しますが、型枠大工および型枠を組み立てた人間の経験とカンに頼る部分に正解があるとは限りません。許容範囲外になることも想定します。

表7 コンクリート部材の位置および断面寸法の許容差の標準値

規準		JASS 5 [*1]		国土交通省 [*2]
項目		許容差（mm）		
		計画供用期間の級		―
		一般・標準	長期	
位置	設計図に示された位置に対する各部材の位置	±20	±20	±20
構造体および部材の断面寸法	柱・梁・壁の断面寸法	−5、+20	−5、+15	0〜+20
	床スラブ・屋根スラブの厚さ		0、+20	
	基礎（および基礎梁）の断面寸法	−10、+50	−5、+10	0〜+50

[注]＊1）日本建築学会：建築工事標準仕様書・同解説　5、2015.7、pp.166-169
　　＊2）公共建築改修工事標準仕様書（建築工事編）、平成28年版

(2) コンクリートの打込み前に鉄筋、型枠、アンカーボルト、補強筋などが打込み計画に決められた位置に設定されていることを確認します。また、型枠の加工精度・組み立て精度についても確認します。

(3) 型枠は、コンクリートの打込みなどにより変形・移動して部材の精度が損なわれることがないように固定します。

☑**Point 3**　打込み日の天候の急激な変化に対する準備を行う

(1) コンクリートの打込みは気象に左右されるので、当日の気象は、最寄りの気象台や過去の理科年表を参考に把握します。

(2) コンクリート打込み日の天気予報で降水確率が高い場合は、打込みを取り止めます。

(3) 打込みは、雨天や強風時を避けて、過去の経験から不測の事態を考えて事前に準備します。

(4) 打込み箇所について、上屋及び養生シート類や中間打ち止めのための仕切り板材料を準備します。図20〜21の養生上屋による養生を準備します。

(5) せき板内に雨水が浸入しないようにシート類で養生します。

(6) 雨水がコンクリート表面に溜まらないようにウエス・スポンジなどで処理するか、勾配・溝を設けて排水します。

☑Point 4 打込み区画、打込み順序は打込み計画書通りであることを確認する

(1) 打込み区画

打込み区画は、表8に示す3点に留意して計画します。

表8　打込み区画の留意事項

レディーミクスト コンクリート工場	○1時間あたりの供給能力 ・工場の始業・昼休み・終業時間と輸送時間を考慮する ・周囲の交通事情(ラッシュアワーや交通規制)を考慮する
コンクリートの運搬能力	○コンクリートポンプが1時間あたりに運搬できる量 ○コンクリートバケットが1時間あたりに運搬できる量
コンクリートの施工能力	○コンクリート打込み工が1時間あたりに打ち込める量 ○コンクリート締固め工が1時間あたりに締め固められる量 ○コンクリート仕上工が1時間あたりに仕上げられる量 ・打込み工区の難易度によって異なる

(日本建築学会『コンクリートの品質管理指針・同解説』1991.7、pp.122)

a. 1日当たりの最大打込み可能量は、最適な打込み量(1時間当たりの打込み量=単位打込み量)に1日の作業時間を掛け合わせたものとします。

b. 打込み区画のコンクリートは、連続して中断しないように打ち込むようにします。また、段取り替えで生じる不具合の防止が計画されているか確認します。

c. 打込み区画は、1日の作業時間内で終了するように計画し、大きな工区の場合には1日分ずつに区画します。

d. 打込みが困難な部位は、適当な打込み方法を検討するとともに、打込み区画を小さくし、その区画に応じた打込み速度・締固めで施工できるようにします。

(2) 打込み順序

a. 1区画の打込み順序は、柱の鉛直部材を優先して、床スラブ・ベランダなどの水平部材を後に打ち込むのが良いです。また鉛直部材の柱コンクリートは、打込み後に沈下するので、この沈下がある程度落ち着いてから水平部材を打ち込んだ方がひび割れの発生がしにく

いと考えられるからです。

b. 打込み順序は、1回の打込み区画を全体のコンクリートの打込み高さ・表面がほぼ水平になるように行います。コンクリート打込み層の高さは、1ヶ所での1回の打込み高さがあまり高くならないように打ち込むようにします。図17に「打込みホースの回し打ち」と「うろこ打ち」および「フーチング」の打込み順序を示します。

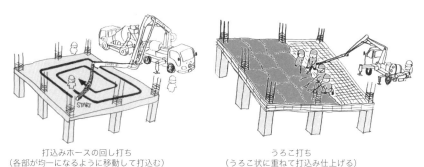

打込みホースの回し打ち
（各部が均一になるように移動して打込む）

うろこ打ち
（うろこ状に重ねて打込み仕上げる）

✕ 片押しするとブリージング水が型枠側に集まるので被り部分の水セメント比が高くなる

〇 ブリージング水が集中することなく分散するために耐久性が高いコンクリートとなる

耐久性を向上させるフーチングの打込み順序

図17　コンクリートの打込み順序の例 （イラスト：宮之腰鹿之介）

c. 打ち込んだコンクリートは、型枠内で横移動させない。

d. コンクリートの横流れ距離を短くすることは、材料分離を防ぐとともに、コンクリートの側圧を小さくして型枠の有害な変形や破損を防ぐために有効な手段となります。

☑Point 5　コンクリートの打込み・締固め機器の性能を確認して準備する

(1) 打込み機器（コンクリートポンプやバケットなど：表5、表6）や締固め機器の種類・台数は、確認すると同時に十分に整備されて、機器の安全点検が済まされており、所定の能力が発揮できることを確認します。

(2) 高い壁、柱などの構造体コンクリートは、十分に締め固めるために振動機を適切に使用して、その組織を緻密にすると、表面上の美観だけでなく、構造耐力や耐久性も高くなり、品質の高いコンクリートとなります。

a. 棒形振動機の使用時間は1ヶ所5〜15秒を標準とし、コンクリート表面にセメントペーストが浮き上がって光を帯びたときの状態を、スラブや梁など部材の厚さ（公称棒径45mmの振動機長さ60〜80cm以下）にあわせて目視で確認します。

b. 棒形振動機は、コンクリート中に速やかに挿入して、抜き取る場合には、コンクリートに穴を残さないように加振しながら徐々に引き抜きます。

c. コンクリート型枠振動機の加振時間は、部材の厚さ、形状、型枠の剛性、打込み方法によって異なりますが、1〜3分を標準とします。

d. 型枠振動機の取り付け間隔は、壁の場合2〜3m/台とします。

e. 型枠振動機（振動数6000rpm）は、型枠に変形が起きないように「端太角や丸パイプ」に治具で取り付ける（図18）、壁打ち型枠振動機(図19)を使用するなど、コンクリートの種類や軟らかさおよび現場の混雑状態に応じて使い分けます。

図18　アイロン型振動機の使用
（イラスト：宮之腰鹿之介）

図19　壁打ち型振動機の使用
（イラスト：宮之腰鹿之介）

☑Point 6　打込み前には、型枠内に異物が混入していないことを確認する

　コンクリートは、木片、鉄筋片、土などが型枠の中に入ったまま打ち込むと、部材に欠陥部を造ることになります。次にチェックすべき事項を示します。

(1) コンクリートの打込みの直前には、運搬装置、打込み設備および型枠の組立て中に発生する木片、ベニヤ片、おがくず、ごみ、断熱材の破片など、型枠内への落下物、挿入物が混入していないことを確認します。

(2) コンクリートの打込み場所を清掃して異物を取り除き、型枠・鉄筋などに散水した水は、高圧空気などによりコンクリートの打込み前に取り除いてあることを確認します。

(3) 型枠内にたまった水は、打込み前に除いてあることを確認します。

(4) 清掃用の掃除口は、垂直打継ぎ部の下に異物がたまりやすく、また除去もしにくいので、型枠の最下部に設けます。

☑Point 7　生コン車の動線が施工計画書通りであることを確認する

　生コンの受入れ準備には、運搬計画のほかに、生コン車の動線を次のように完備しなければなりません。

(1) 生コン車の交替が円滑に行くような動線にします。

(2) 待ち時間中の生コン車の待機場所を定めます。

(3) 生コン車の出入り口には標識を付け、必要があれば生コン車の出入りを指導する係員を設けます。

(4) 場内道路は、生コン車の搬出入に耐えるようにします。

(5) コンクリートポンプで打ち込む場合は、できるだけ2台の生コン車からコンクリートが採取できるように広さを設けます。

(6) 荷下ろし地点には、生コンの検査ができる試験場所を設けます。

(7) 荷下ろし地点には、給排水設備や必要に応じて夜間の照明設備を設けます。

5 打込み後のチェックポイント

☑Point

1 コンクリート打込みや仕上げ作業と並行して外周に養生シートを設けて日よけ、風の遮断を行う

2 床スラブ、ベランダなどのコンクリートの養生方法を確保する

3 打込み後の養生期間とコンクリート温度を確保する

4 基礎・梁側・柱・壁とスラブ下・梁下のせき板の存置期間に、コンクリートの圧縮強度を確認する

5 スラブ下（版下）・梁下の支柱・支保工の存置期間に、コンクリートが設計基準強度に達したことを確認する

6 支柱の盛りかえは、原則として行わない

コンクリートは、打込み終了直後の硬化初期において十分な養生を施さなければなりません。そのためには、次の4つが重要です。

①硬化初期の期間中に十分な湿潤状態に保つ。

②適当な温度に保つ。

③風、日光の直射などの気象作用および酸や塩化物などの劣化因子の侵入に対してコンクリートの露出面を保護する。

④振動および外力を加えないように保護する。

☑**Point 1** コンクリート打込みや仕上げ作業と並行して外周に養生シートを設けて日よけ、風の遮断を行う

コンクリートは打込み後、硬化が始まるまで風・日光の直射や急激な乾燥にさらされると、床スラブや庇のように薄い部材ではコンクリート表面にひび割れや硬化不良が発生し、耐久性を損う可能性があります。次に水

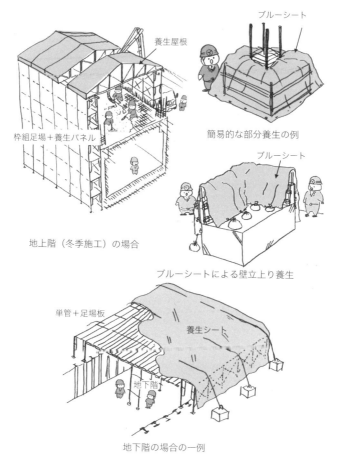

養生屋根

ブルーシート

枠組足場＋養生パネル

簡易的な部分養生の例

ブルーシート

地上階（冬季施工）の場合

ブルーシートによる壁立上り養生

単管＋足場板

養生シート

地下階

地下階の場合の一例

図20　養生上屋による養生（イラスト：宮之腰鹿之介）

ブルーシート　　ロープ土嚢

ブルーシート

土工事

図21　ビニールシートによる雨養生対策（イラスト：宮之腰鹿之介）

分発散や風よけなどの方法を示します。

(1) コンクリート表面の打上り面には、打込みや作業と並行して図20のように外周養生などの防風対策を行います。

(2) 通常のコンクリート工事の環境（冬期施工であっても）では、季節や地域よって風速にバラツキがあるので、少なくとも風速5m/s程度から防風の養生が必要となります。

☑**Point 2** 床スラブ、ベランダなどのコンクリートの養生方法を確保する

(1) 床スラブ、ベランダ等の露出面は、コンクリート打込み後に散水養生し、ビニールシート、不透水性シートをかぶせて水分の蒸発を防ぐ湿潤状態に保たなければなりません。（図22）

図22　コンクリート打込み後のビニールシート、不透水性シートおよび散水養生
（イラスト：宮之腰鹿之介）

(2) コンクリートのプラスチック収縮ひび割れは、水分蒸発量が $1.0 \sim 1.5$ $kg/m^2 \cdot h$ を超えるときに発生する危険性が大きいので、上述（1）の養生を行って防止します。水分蒸発量は、外気温、温度、コンクリート表面温度、風速などの影響を受けます。

(3) 水セメント比が55%のとき、コンクリート表面は、打込み後6時間を超えるとブリージングが消失して乾燥し始める時点であり、湿潤状態を確保する必要があります。図23に水セメント比がブリージングの挙動に及ぼす影響を示し、これより、コンクリート表面の乾燥し始める時点を確認して湿潤状態を確保するタイミングを決めることができます。

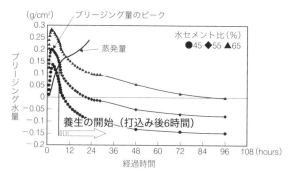

図 23 水セメント比がブリージングの挙動に及ぼす影響
(日本建築学会『暑中コンクリート設計指針・同解説』)

☑Point 3　打込み後の養生期間とコンクリート温度を確保する

(1) 普通ポルトランドで外気温の低い時期（打込み後4週までに月平均気
温が約1〜2℃の月）においては、コンクリートを寒気から保護するた
めに、打込み後5日間以上コンクリートの温度を2℃以上に保ちます。
ただし、早強ポルトランドセメントを用いる場合は、3日間以上としま
す(図24)。コンクリートを2℃で養生した場合には、5日間で強度5N/mm²
を確保できると思われますので、2℃を最低限界とします。

(2) 建基基準法施行令第75条には、「コンクリート打込み5日間は、コン
クリートの温度が2℃を下らないように養生しなければならない」とさ
れています。

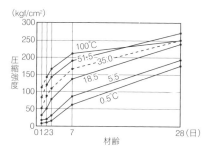

図 24 養生温度の異なるコンクリートの材齢と圧縮強度の関係
(日本建築学会『鉄筋工事標準仕様書・同解説』JASS 5、2018 年、p.293)

(3) 外気温が著しく低い場合は、図20のように養生上屋による養生を用いるなどして、給熱または保温による温度制御を行い、コンクリート表面に乾燥によるひび割れが生じないようにします。

(4) 初期養生の期間は、打ち込まれたコンクリートで圧縮強度5N/mm²が得られるまで凍結させてはなりません。初期養生は、この強度が得られたことを確認するまで継続します。

(5) コンクリートの打込み後、初期凍害を受けるおそれのある場合には、保温養生による初期養生を行います。保温養生の方法としては、「加熱養生、断熱養生、被覆養生」から現場の状況に応じて選定します。

☑**Point 4**　基礎・梁側・柱・壁とスラブ下・梁下のせき板の存置期間に、コンクリートの圧縮強度を確保する

(1) コンクリートが必要な強度に達する時間を判定するには、構造物に打ち込まれたコンクリートと同じ状態で養生したコンクリート供試体の強度によることが必要です。これは、図14に示した構造体コンクリートの圧縮強度の判定基準によるものとします。

(2) 構造物に打ち込まれたコンクリートは、現場で採取したコンクリート供試体を現場水中養生あるいは封かん養生した発現強度から推定します。

(3) コンクリート構造物の基礎、梁側、柱、壁およびスラブ下、梁下のせき板存置期間に必要なコンクリート圧縮強度の基準値（参考値）を表9、表10に示します。

国土交通省告示第203号（令和元年6月25日改正）の存置期間

a. 基礎、梁側、柱、壁のせき板の存置期間は、コンクリートの圧縮強度（ポルトランドセメント使用）が5N/mm²以上確保されるまでとします。

b. スラブ下、梁下のせき板の存置期間は、設計基準強度の50%以上確保されるまでとします。

c. 材齢によるせき板の存置期間は、各部材とも存置期間中の平均気温が10℃以上の場合、表9に示す日数以上経過すれば圧縮強度試験を必要

とすることなく取り外すことができます。

表9　国交省告示第203号による型枠の存置期間（普通ポルトランドセメントの抜粋）

建築物の部分		存置日数（日） 存置期間中の平均気温			コンクリートの 圧縮強度
		15℃以上	15℃未満 5℃以上	5℃未満	
せき板	基礎・梁側 柱・壁	3	5	8	5N/mm²
	スラブ下・梁下	6	10	16	設計基準強度の 50%
支柱	スラブ下	17	25	28	設計基準強度の 85%
	梁下	28			設計基準強度の 100%
支柱の盛かえ		大梁の支柱の盛かえは、行わない			

JASS 5 場合の存置期間

a. 基礎、梁側、柱、壁のせき板の存置期間は、コンクリートの圧縮強度（ポルトランドセメント使用）が表10に示すように、

①計画供用期間の級が短期、標準の場合は、構造体コンクリートの圧縮強度が 5N/mm² 以上

②計画供用期間の級が長期、超長期の場合は、構造体コンクリートの圧縮強度が 10N/mm² 以上

③高強度コンクリートでは、10 N/mm² 以上

に達したことが確認されるまでとします。

b. せき板の取り外し後、構造体コンクリートの圧縮強度が得られるまで湿潤養生しない場合は、短期および標準の場合は 10N/mm² 以上、長期および超長期の場合は 15N/mm² 以上に達したことを確認すれば、以降の湿潤養生を打ち切ることができます。

c. 材齢によるせき板の存置期間は、基礎、梁側、柱、壁の場合、計画供用期間の級が短期および標準で平均気温が 10℃以上の場合、表10、表

11 に示す日数以上経過すれば圧縮強度試験を必要とすることなく取り外すことができます。なお、取外し後の湿潤養生は、表12 に準じます。

d. スラブ下、梁下のせき板の存置期間は、設計基準強度の 100%以上確保されるまでとします。

表 10　JASS 5 による型枠の存置期間（普通ポルトランドセメント抜粋）

建築物の部分		存置日数（日） 存置期間中の平均気温		コンクリートの 圧縮強度
		20℃以上	20℃未満 10℃以上	
せき板	基礎・梁側 柱・壁	4	6	5N/mm²
	スラブ下・梁下	支保工取外し後		設計基準強度の 100%
支柱	スラブ下・梁下	圧縮強度が 12N/mm² 以上かつ 計算により安全確認した場合		設計基準強度の 100%
支柱の盛かえ		支柱の盛かえは、原則として行わない		

（日本建築学会『鉄筋工事標準仕様書・同解説　JASS 5』2018、p.287、pp.311-312、p.322）

表 11　基礎・梁側・柱および壁のせき板の存置期間を定めるためのコンクリート材齢

セメントの種類 平気温度	早強ポルトランドセメント	普通ポルトランドセメント 高炉セメント A 種 シリカセメント A 種 フライアッシュセメント A 種	高炉セメント B 種 シリカセメント B 種 フライアッシュセメント B 種
20℃以上	2	4	5
20℃未満 10℃以上	3	6	8

（日本建築学会『鉄筋工事標準仕様書・同解説　JASS 5』2018、p.312）

表 12　湿潤養生の期間

セメントの種類	計画供用期間の級	
	短期および標準	長期および超長期
早強ポルトランドセメント	3 日以上	5 日以上
普通ポルトランドセメント	5 日以上	7 日以上
中庸熱および低熱ポルトランドセメント 高炉セメント B 種、フライアッシュセメント B 種	7 日以上	10 日以上

（日本建築学会『鉄筋工事標準仕様書・同解説　JASS 5』2018、p.287）

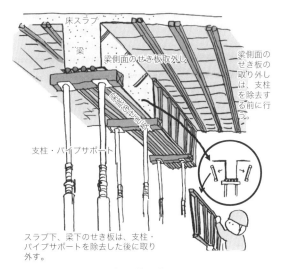

床スラブ

梁

梁側面のせき板取外し

梁側面の
せき板の
取り外し
は、支柱
を除去す
る前に行
う。

支柱・パイプサポート

スラブ下、梁下のせき板は、支柱・
パイプサポートを除去した後に取り
外す。

図25　支保工とせき板の外し方（イラスト：宮之腰鹿之介）

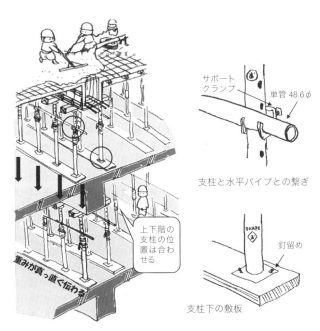

上下階の
支柱の位
置は合わ
せる

重みが真っ直ぐ伝わる

サポート
クランプ

単管 48.6φ

支柱と水平パイプとの繋ぎ

OKAPE

釘留め

支柱下の敷板

図26　上下階の支柱は同一位置
（イラスト：宮之腰鹿之介）

図27　支柱の下に敷板設置
（イラスト：宮之腰鹿之介）

e. スラブ下、梁下のせき板は平均気温に関係なく、原則として支保工を除去した後に取り外します。図 25 に型枠の取り外し方を示します。

f. 上下階の支柱が同一位置にないと、強度が十分発現していないコンクリートスラブにひび割れなどの悪影響を与えることになるので、できるだけ同じ位置に支柱を配置します。図 26 に上下階の支柱の位置、図 27 に支柱と水平パイプとの繋ぎおよび支柱下の敷板を示します。

☑**Point 5** スラブ下（版下）・梁下の支柱・支保工の存置期間に、コンクリートが設計基準強度に達したことを確認する

国交省告示第 503 号、および JASS5 の場合のスラブ下（版下）・梁下の支柱は、次の強度および在置日数以上が確保されたときに取り外すことができます。

(1) コンクリートが必要な強度に達する時間を判定するには、構造物に打ち込まれたコンクリートと同じ状態で養生したコンクリート供試体の強度によることが必要です。このことは、図 14 に示した構造体コンクリートの圧縮強度の判定基準によるものといえます。

(2) 構造物に打ち込まれたコンクリートは、現場で採取したコンクリート供試体を現場水中養生あるいは封かん養生した発現強度から推定します。

(3) コンクリート構造物のスラブ下、梁下の支柱、支保工に必要なコンクリート圧縮強度の基準値を表 9、表 10 に示します。

a. 国土交通省告示第 203 号の存置期間

スラブ下（版下）および梁下の支柱は、次の強度および在置日数以上が確保されたときに取り外すことができます。

①スラブ下（版下）の場合には「コンクリート設計基準強度の 85％以上」を確かめたとき取り外すことができます。

②梁下の場合には「コンクリート設計基準強度の 100％」を確かめたとき取り外すことができます。

③材齢による支柱の存置期間は、スラブ下（版下）は、普通ポルトラ

ンドセメントの場合、表9の存置日数以上であれば取り外すことができます。梁下は、表9の掲げる存置日数28日以上であれば取り外すことができます。

b. JASS 5 場合の存置期間

スラブ下、梁下の支保工の存置期間は、構造体コンクリートの圧縮強度がその部材の設計基準強度「コンクリート設計基準強度の100%以上」に達したことが確認されるまでとします。または「コンクリートの圧縮強度が12N/mm²以上(軽量骨材を使用する場合は9 N/mm²以上)、かつ構造計算により施工中の荷重・外力によって著しい変形・ひび割れが生じないことを確かめたとき取り外すことができます。

☑**Point 6**　支柱の盛り替えは原則として行わない

支柱の盛り替えは、いったん型枠を取り外し、再び支柱のみを立て直す作業です。実際の工事は無造作に行われやすく、まだ若材齢のコンクリートに荷重が作用するということは、本来望ましい作業ではありません。次に盛りかえの基準を示します。

(1) 国交省告示第203号の場合ほか

　a. 大ばりの支柱の盛りかえは行わないこと。

　b. 直上階に著しく大きい積載荷重がある場合は、支柱（大ばりの支柱を除く。以下同じ）の盛りかえは行わないこと。

　c. 支柱の盛りかえは、養生中のコンクリートに有害な影響をもたらすおそれのある振動または衝撃を与えないように行うこと。

　d. 支柱の盛りかえは、遂次行うものとし、同時に多数の支柱について行わないこと。

　e. 盛りかえ後の支柱の頂部には、十分な厚さおよび大きさを有する受板、角材その他これらに類するものを配置すること。

　f. スラブ下（版下）の支柱の盛りかえは、直上階のコンクリートを打ち込む前に行う。

g. スラブの盛りかえは、小ばりの盛りかえが終わった後に行う。

(2) JASS 5 の場合

a. 支柱の盛りかえは原則として行わない（図28参照）。

b. やむを得ず盛りかえを行う必要が生じた場合は、その範囲と方法を定めて工事監理者の承認を受ける。

例外的に支柱の盛りかえを行う場合は、「現場打コンクリートの型枠及び支柱の取り外しに関する基準」（令和元年国交省告示第203）によります。この場合であっても、大梁の支柱は盛りかえてはなりません。

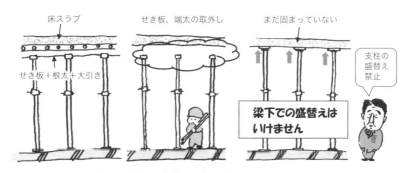

図28　梁下の支柱は盛替えてならない （イラスト：宮之腰鹿之介）

6 構造スリットのチェックポイント

　筆者（柿﨑）が耐震壁スリット壁に直面したのは、1968年に建設された霞が関ビル（高さ147m、36階）に適用されるときです。霞が関ビルは耐震設計により地震の揺れを分散・吸収するために柔構造理論に基づく「鉄筋コンクリート製の耐震壁スリット壁」が大きな役割を果たしたのです。それは、パネルゾーン（柱と梁との結合部分）の変形が全体変形に大きな影響を及ぼすことが確認されたからです。

　通常の耐震壁は高荷重域でひび割れが発生し、耐力が低下しますが、壁体内にスリットを適当に配置すると、初期の耐力はある程度減少しますが、局部的な崩壊がなく、降伏後も耐力を維持することができる靭性を持った耐力壁となります。

　スリット〈切れ目〉工法を施せば、図29、図30のようにスリット周囲にクモの糸のようなひび割れが入って柔らかくなり、ダクタイル（延性があり）で変形追従型に優れ、地震の振動から柱の変形や破壊の被害を最小限におさえ、主要構造物自体への影響を和らげることができるのです。

　スリットの長さは、梁間方向1800mm、桁行方向1800mm、またスリット材は石綿セメント板の厚さ9mmの2枚合わせです。

図29　柿﨑と耐震壁スリット壁の実験状況（週刊現代［1967］に掲載された）

図30　霞が関ビルの耐震壁スリット壁

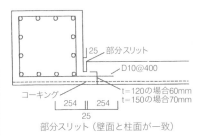

25　部分スリット

D10@400

コーキング

t＝120の場合60mm
t＝150の場合70mm

254　254

25

部分スリット（壁面と柱面が一致）

図31　腰壁、そで壁のスリット例　　　図32　慣用型スリット

（建築業協会『構造スリット施工マニュアル』2001年、p.2）

　近年、構造スリットについては、地震が起きるたびにその有効性が話題となっています。構造スリットの起用は、1981年の建築基準法の改正による「新耐震基準」の施行から始められました。しかし、本格的に耐震設計の手法として採用されるようになったのは、1995年の阪神・淡路大震災以降のことです。主としてRC造マンションでは、標準的な手法とされてき

ました。当時は、構造スリットの設置に関心が少なく、一般化する前であったために「柱や梁でせん断破壊」した例が数多く報告されています。

このようなことから、構造スリットは、2011年の東日本大震災以降も、全国の建物で設計通りに施工されていなかったり、すき間に挿入されるポリスチレンフォームの緩衝材を押し潰すようにコンクリートが流し込まれているなど、施工不具合が相次いで見つかったと報告されています。

ちなみに「構造スリット」は構造的に必要なとき、「耐震スリット」は耐震上必要なとき使用しますが、全く同じ意味です。

構造スリットを設置する目的

①数百年に一度レベルの地震（震度6強から震度7程度）が発生した場合でも、建物利用者の人命を守り、建物の倒壊・崩壊を防ぐことです。

②柱と壁、梁と壁などを切り離してRC造の建築物全体の構造バランスを保持し、大きな地震が発生した際に建物の柱や梁のせん断破壊を防止します。

構造スリットを設置する効果

①地震発生時に、水平方向の揺れに対し、構造上重要な柱や梁に対する損傷を防ぎます。また、お互いの部材がぶつかり、悪影響を与えないようにする役目をもちます。

②建物のバランスを考え、主要構造部でない雑壁（構造計算上、耐力を期待してない壁）に構造スリットで縁を切り、すき間（厚さ25mm程度）を設けて主要構造部に地震による悪影響を及ぼさないようにすることです。

③耐震壁としては、パネルゾーン（柱と梁との結合部分）の変形が、全体の変形に大きな影響を及ぼす地震の揺れを分散・吸収して、主要構造物の被害を最小限に抑えます。

☑Point

1 構造スリットは、構造計算された適正な位置に設置する

2 構造スリットの取り付けは適正に行われているか

☑Point 1 　構造スリットは、構造計算された適正な位置に設置する

(1) 構造スリットは、腰壁や袖壁などの壁と柱・梁との間に設けて、構造計算時にその壁を非構造壁とします。

(2) 構造スリットは構造計算をする上で、柱と壁の間あるいは梁と壁の間を重視して、構造上重要でない壁には、スリット（すき間）を設けることで耐震性を向上させるという考え方に基いたものです。また、建物全体のバランスを考慮して決定します。

(3) 地震時にフレームの変形能力が阻害され、変形によって吸収されるはずであった水平力によって、フレーム（柱・梁）に損傷が生じたり、壁が損壊することをなくします。

(4) 構造の安全性を確保するため、構造計算と構造図において指定された

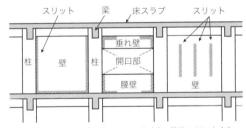

例題：構造スリット（1）のぶら下がりすき間
鉛直方向のスリットの目地幅：壁高さの1/100 など
（水平スリットの目地幅：30mm, UR都市機構 機材の品質判定基準）
（参考文献：国土交通省国土技術政策総合研究所・建築研究所
　　　　　　『建築物の構造関係技術解説書 2015年版』、pp.693～694）

例えば　　1階の階高　　3.5m
　　　　　　梁高　　0.8m
鉛直方向のスリットの目地幅　3.5−0.8＝2.7m
　　　　　すき間　2.7/100 ＝ 27mm

図33　鉛直方向の構造スリットの位置と目地幅（例）（イラスト：宮之腰鹿之介）

スリットを指定通りの位置に決められた方法で取りつけることが重要です（**Point 2** 参照）。

(5) コンクリートの壁は両端にある柱と縁を切り、壁の下側にある梁と縁を切り、壁の上部にある梁からぶら下がりとします（図33中構造スリット(1)(2)）。

(6) スリット材は地震力を緩和するために、柱と壁および壁と梁に耐震スリットを設けて、境界には変形に追従するポリスチレンフォーム・ウレタンなどの樹脂を使用します。

(7) 腰壁・そで壁のスリット等は、三つの接合形式型から選択します。

　a. 完全スリット型

　　腰壁・そで壁等と構造骨組との間に完全縁切り型スリット（非構造壁）

　b. 部分スリット型

　　部分スリットを設けて腰壁・そで壁等と構造骨組との目地部を部分的に薄くして（壁厚の 1/2 以下、かつ 7cm 以下）、骨組に及ぼす影響の軽減を図る。

　c. 剛接型

　　断面設計を行う。

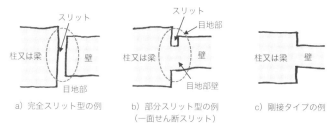

図34　腰壁・そで壁のスリットの構造形式

（「鉄筋コンクリート造マンションの構造スリット未施工」一級建築士事務所 be going 資料）

（イラスト：宮之腰鹿之介）

☑**Point 2**　構造スリットの取り付けは適正に行われているか

(1) 構造スリットは、コンクリート打込みにかかる圧力を処理するように

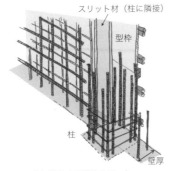
柱に隣接する構造スリット

一般壁の垂直スリット

図35　型枠内に設置した構造スリット（イラスト：宮之腰鹿之介）

金具でセパレータなどにがっちり固定します（図35）。

(2) 目地棒に取り付けたプラスチック製の受け材でスリット材を両端から挟み込みます。変形の原因は、室内側の受け材を支える目地棒が型枠から外れるからで、止め釘の打ち忘れやピッチが粗いからです。

(3) 構造スリットおよび耐震スリットの振れ止め筋は、スリットで切り離した壁が地震で倒れないようにするためです。振れ止め筋は、D10 @ 400が一般的であり、スリット部はピン接合とします。

(4) 構造スリットの多くは、既製品で耐火性能や防水性能を有していますが、柔らかい材質であるため慎重に取り扱います。

(5) 構造スリットの位置は、外壁が塗装仕上げのとき確認しやすいですが、外壁がタイル張りのときには、スリットがタイルの裏に隠れていること

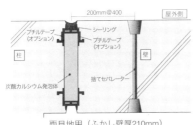
両目地用（ふかし壁厚210mm）

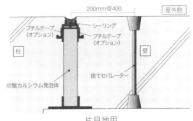
片目地用

図36　垂直スリット（㈱JSP「J-スリット Ver 8」p.5）

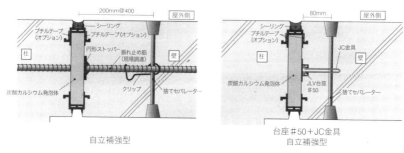

図 37　垂直スリット （㈱ JSP 「J- スリット Ver 8」 p.5）

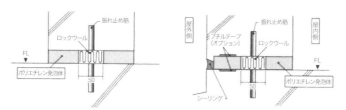

図 38　水平スリット一般部用 （㈱ JSP 「J- スリット Ver 8」 p.12）

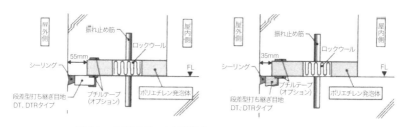

図 39　水平スリット妻壁用 （㈱ JSP 「J- スリット Ver 8」 p.12）

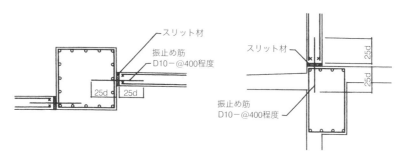

図 40　振れ止め筋の設置例 （建築業協会『構造スリット施工マニュアル』2001 年 10 月、p.24）

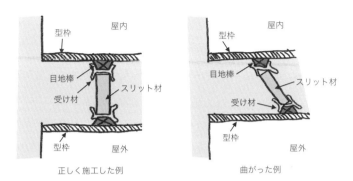

型枠　屋内
目地棒
受け材
スリット材
型枠　屋外
正しく施工した例

型枠　屋内
目地棒
スリット材
受け材
型枠　屋外
曲がった例

図 41　壁の屋外側と屋内側を繋ぐ構造スリット（水平断面）
（「特集コンクリートの欠陥を見抜く」㈲タク技研資料）（イラスト：宮之腰鹿之介）

があるため、外壁の目地をスリットと間違えないように管理します。構造スリットが曲がる原因は、受け材を留める目地棒がせき板に固定されていないことです。

(6) 鉄筋の配筋は、垂直の場合、柱と壁を切るための部材を型枠の中にセットして一定の間隔で通していき、水平の場合も、梁と壁の縁を切る部材を型枠の中にセットして一定の間隔で通していきます。

7 エキスパンションジョイントのチェックポイント

　現在のエキスパンションジョイント（以下：エキスパンと省略）は、1980年代に建物にクリアランスを設ける設計が普及したことから始まっています。しかし、大きな転機は、1995年に発生した阪神・淡路大震災です。予想を超えた建物の揺れを受けて、多くのエキスパンが激しく変形して、外壁の破損やタイルの脱落などの被害が発生しました。このエキスパンの変形は、建物の変形や動きに追従して力を吸収することで、建物を守ったと受け止めることもできるのです。

　建物Aと建物Bは、クリアランスなしで接続してしまうと不具合が発生するために、構造体と構造体の間にはクリアランスを持つことが重要です。それは、地震が起きた際の両建物の挙動が異なるため、エキスパンを境界として、それぞれ異なった揺れ方から守り、互いにぶつかり合って上述のようなダメージが大きくならないような役目を担うものです。

　次にエキスパンを利用する目的の種類を示します。

①不整形で外観は一つの建物を構造的に切り離したときのクリアランスを埋める。

②免震層の変形によるクリアランスを埋める

③温度応力の変形によるクリアランスを埋める

　ここでは「一般的なエキスパン」と「免震エキスパン」の内の「一般的なエキスパン」を対象とします。

☑Point

1 エキスパンは適正な位置に設置されているか

2 エキスパンの取り付けは適正に行われているか

3 エキスパンの設置不備の不具合に留意しているか

☑**Point 1** エキスパンは適正な位置に設置されているか

(1) クリアランスは、建物の変化量の大きさによって決定します。

(2) 大型建物は、自然の力から建物を守るため、建物の廻りや建物と建物の間に「クリアランス（すき間）」を設けます。

(3) エキスパンは、建物の間のすき間に設けて、異なる性状を持った構造体同士を分離し、力を吸収します。

(4) 規模が大きい建物や変形プランの建物は、クリアランス（すき間）を挟んで複数の躯体に分けて設計します。

(5) 隣接する建物とのクリアランス（エキスパン間隔）の評価は、隣り合う各建物の地震時変形の合計である建屋相対変位に対して設計許容値以下であることを確認します。

(6) 建物の耐震設計は、隣接する建物との間にクリアランスを設けることにより、耐震設計上独立した構造とします。

(7) 建物がT型やL字型の場合、それぞれの建物を構造上別の建物に分けて構造設計を行います。

エキスパンを必要とする建物を図42に示します。

(1) 分離された建物を一体化

エキスパンの働きは、クリアランスを介して建てられる複数の構造躯体を一体的に利用できる建物としてつなぐことで、躯体の動きや地震時の変形や温度変化による伸縮、強風時の動きを考慮して適正な位置にクリアランスを設けることが必要です。エキスパンの働きは次の三つ（2)〜4)）に分類されます。

(2) 構造特性の異なる躯体をつなぐ

　a. 振動特性が異なる建物：隣接する建物の階数が極端に異なる。

　b. 構造計算が異なる建物：RC造と鉄骨造など各建物の構造計算が異なる。

　c. 基礎が異なる建物：基礎や杭の異なる建物は、振動特性や変異量が異なる。

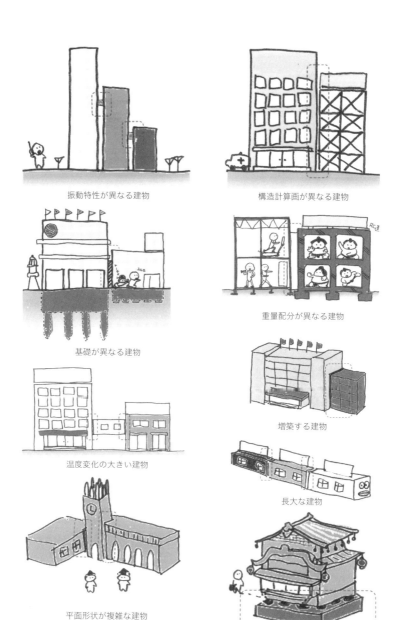

振動特性が異なる建物

構造計算画が異なる建物

基礎が異なる建物

重量配分が異なる建物

温度変化の大きい建物

増築する建物

長大な建物

平面形状が複雑な建物

免震構造の建物

図42　エキスパンを必要とする建物

(参考文献：ABC商会「若手設計者が知っておきたいエキスパンの基礎知識、その1」コラムを参考)

(イラスト：宮之腰鹿之介)

d. 重量配分が異なる建物：構造の違いで重量が異なると振動特性や変異量が異なる。

e. 温度変化の大きい建物：鉄骨造など夏冬の温度変化の影響を受けやすい。

d. 増築する建物：増築部の建物は、既存建物と基礎が異なる。

(3) 複雑な平面形や長大な建物

a. 平面形状が複雑な建物：L字の平面形は、地震時の揺れの方向が複雑になる。

b. 平面が長大な建物：平面的に長い建物は、地盤や熱収縮の影響をうけやすい。

(4) 急増する免震建築

地震の揺れを減衰する免震構造の部分と、地盤面や非免震部分とが異なるため、動きが大きくなります。

図43　増築する建物のエキスパン（渡り廊下のエキスパン拡大）

☑**Point 2**　エキスパンの取り付けは適正に行われているか

(1) 現場では、常に施工誤差が発生することから、適切なクリアランスの確保が必要です。

(2) 建物をクリアランスなしで接続した場合には、次のような条件で不具合が発生します。

a. 膨張したときに、構造体同士がぶつかりあって損傷現象が生じます。

b. 異なる構造体同士を接続するには、地震発生時に 5 ～ 6 階で 50 ～ 600mm 程度のクリアランスの確保が必要です。

(3) 必要なクリアランスの間隔は、隣接した建築物同士がぶつからない間隔であり、エキスパンの可動量ではありません。市販の規格品のエキスパンの可動量は、クリアランスの 30 ～ 60％を想定して採用します。

(4) エキスパンのクリアランス（離隔距離）は、建物 A と建物 B が隣り合う場合、地震発生時の揺れによって両建物がぶつからない変形量を設定します（図 44）。

地震による変形量は、終局時の値（建物崩壊時の変形量）から、次のように計算されます。

RC 造の変形量：1/200　S 造の変形量：1/120

例えば、RC 造の建物の高さ（H）100m（建物 A、B と同じ）の最長の離隔距離（B）は、次のようになります。

$B = H/200 + H/200$　$H = 100$m

$B = 100/200 + 100/200 = 1.0$m（目安）

また、建物 A の RC 造と建物 C の S 造の離隔距離（B_0）は、

$B_0 = 100/200 + 100/120 = 1.33$m ≒ 1.5m（目安）

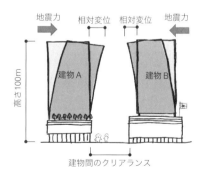

図 44　地震による変形量（立面図）（イラスト：宮之腰鹿之介）

☑Point 3　エキスパンの設置不備の不具合に留意しているか

(1) 天井裏の納まりで、ダクトと配管のクリアランスがゼロであれば、両者のどちらかが 1mm でもずれてしまったらダクトと配管がぶつかることになります。

(2) 現場の納まりには、施工誤差が発生しますが、クリアランスがなければ施工誤差で治まらなくなってしまいます。

(3) 建物の機能としては、クリアランス（離隔距離）が大きすぎると一体にならないので注意します。建物がぶつからない変形量を設定します。

(4) 図 45(a) の建物 A と建物 B は、建物の機能上一体です。建物は「整形」である方が構造的に設計しやすいです。しかし、図 45(b) のように変形（不整形）なプランの建物は、クリアランスを挟んで建物がお互いに躯体を分けて設計します。それは、地震の外力の働きで建物が受けるダメージを最小限に抑えることができるからです。

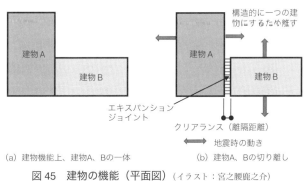

(a) 建物機能上、建物A、Bの一体　　　　(b) 建物A、Bの切り離し

図 45　建物の機能（平面図）（イラスト：宮之腰鹿之介）

(5) 図 46 に建物間のすき間を埋めるエキスパンの概要を示します。エキスパンカバーは、選択基準で重要なのが変形性能であり、クリアランスの間隔に対して設定します。

高さ：130cm、幅：17cm

カバー（幅：17cm）

図46　建物Aと建物Bの渡り廊下の壁・床のクリアランス

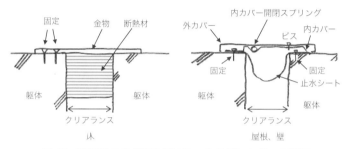

図47　建物間のすき間を埋めるエキスパンカバーの概要

（日本原燃株式会社『設工認3次申請に係る設計内容の整理について』2020.2.3）（イラスト：宮之腰鹿之介）

第3章

外装仕上げ編

外装仕上げの不具合の主流である外壁タイルの剥離、落下に関する不法行為責任を問う事案や施工業者が負う注意義務が増加しています。

　本編のチェックポイントでは、コンクリート表面の平滑性、初期の接着力不足、施工後の温湿度の変化によって接着力が喪失し、タイルの剥離・剥落につながる不具合を検討します。タイルの施工に際しては、コンクリート表面の状態に応じてタイル工事をすべきであり、施工者は、居住者等に対し、不法行為責任を問われることのないように施工すべきです。安全性が欠けることのないように配慮すべき注意義務を果たす必要があります。

1 外壁タイルを巡る情勢の変化

　マンションや高層建物の外壁仕上げにおいて、タイルは「高級感がある」「耐久性が高い」「メインテナンス不要」として多く採用されるようになりました。その一方で、工期や効率を追及するあまり、施工精度が低下し、外壁タイルに大量の浮きや剥離が発見され、剥落事故を起こして問題になることがあります。

　タイルの浮きについては、「竣工後10〜15年目の外壁修繕時にタイルの打診診断をしたら想定以上に浮きが見られた」と、「施工に問題があったのではないか」という趣旨の相談が見られます。

　タイルの施工法は、建築構工法の変化や施工材料の発達、時代のニーズに応じて変化しています。1990年代には、「張付けモルタル—躯体」や「下地—躯体」の施工性から「モルタルとコンクリート界面」で発生する剥離が見られるようになりました。

　このことから、剥離・剥落を防止するには、タイルの施工法だけを検討するのではなく、「躯体から下地まで含めたタイル張り設計」を行うことが重要となります。最近はこれまでの反省に立って、タイル裏面の「あり足」や近年の技術革新で接着剤の性能が格段に良くなり「接着張り工法」が適用されるようになってきました。

　有機系接着剤による後張り工法は、モルタルの後張り工法よりも不具合の少ない技術として開発が進められました。平成元年以降は、有機系接着剤による後張り工法が戸建て住宅の外壁やビルの外壁へと採用されるようになり主流となってきています。

② 外壁タイルの紛争事例と設計者・監理者の責任

　ここでは、現状におけるタイルに関する紛争事例、留意事項、設計仕様、施工不良の責任問題などについて概要をまとめました。

1. 外壁タイルの施工不良による紛争事例

（1）タイルに関する不法行為責任の有無

　最高裁平成23年7月21日判決より、建物の構造耐力に関わらない瑕疵を放置して、例えば、外壁が剥落して通行人の上に落下したり、開口部、ベランダ、階段等の瑕疵により建物の利用者が転落したりするなどして人身被害につながる危険があるときや、漏水、有害物質の発生等により建物の利用者の健康や財産が損なわれる危険があるときには、建物としての基本的な安全性を損なう瑕疵に該当しますが、建物の美観や居住者の居住環境の快適さを損なうにとどまる瑕疵は、これに該当しません。

（2）マンション・住宅の売買契約の相手でなくても提訴できる

　分譲マンション、住宅などの売買契約では、売買の対象物（分譲マンション、住宅なら建物の構造や設備、仕上げなど）に欠陥があった場合、損害を受けた買主（区分所有者）は、売主に対して民法上の契約不適合責任を問うことが一般的です。この場合、責任の存置期間は、契約不適合の事実を知ってから1年以内です。設計・監理者や施工者は、全く無関係と言うわけではありません。

　このようなことは、契約関係にない設計・監理者や施工者に対して民法上の不法行為責任を問う規制があるからです。

　不法行為責任は、直接契約関係になかった人に対しても、被害者が損害賠償責任を追及できます。①被害者又はその法定代理人が損害および加害者を知ったときから3年、②不法行為のときから20年、のいずれかの期間が経過することにより時効が完成するとされます。品確法の責任の存置

期間は、最大 10 年経過していても住戸の買主は、契約関係にない設計・監理者や施工者に対しても過失があれば損害賠償を請求できます。

(3) 将来の危険性も契約不適合に含める見解のあり方

2007 年に最高裁は「設計・監理者と施工者は、契約関係にない居住者などに対する関係でも、建物としての基本的な安全性が欠けることがないように配慮すべき注意義務を負う」との判断を示しました。また、「放置すると将来は居住者の生命や身体、財産に対する危険が現実化する」場合も契約不適合と判断しました。

外壁タイルの剥離・剥落については、売主だけでなく設計・監理者や施工者が訴えられる事例が今後増えることが予想されます。しかし、設計・監理者や施工者は、どんな場合でもマンション・住宅の買主などから損害賠償を請求されるわけではありません。あくまでも、設計・監理者や施工者に契約不適合がなければ責任は問われません。

外壁タイル仕上げは、タイルが浮いているという状況だけでは不法行為責任を問われません。外壁タイルの浮きが経年劣化ではなく、設計あるいは施工の契約不適合によって発生したものであることを請求側が立証しなくてはなりません。

(参考：判例に学ぶ、建築トラブル完全対策、日経アーキテクュア、pp.212-215)

(4) 地震等の天災による被害

1995 年 1 月に阪神・淡路大震災が発生したとき、落下部分を除くと大きな被害はなく、近隣の木造建屋も倒壊を免れていることから、例え事故原因が地震である場合であっても、ホテルの設計に契約不適合があったとして不可抗力を認めず、所有者に責任があるとされました。

(神戸地裁 1998 年 6 月判決)

2. 設計者の留意事項

(1) 設計者は、地震時における外壁タイルの壁面に対する追従性（鋼製下地および木製下地等）と変位値および接着剤のせん断強度について確認

する。

(2) 設計者は、地震時における壁下地の追従性についての考え方及び選定について、建物用途や空間の使われ方を確認する。

(3) 接着剤は、下地ボードに変形が生じても追従できるように弾性系仕様を選択する。

(4) 外壁タイル張りの場合、常時湿気のある空間や水掛りになる壁の下地には、乾式下地壁を避ける。

(5) 大壁面へのモルタル壁およびタイル張りには、伸縮調整目地を設ける。特に、伸縮調整目地の設置と設置上の注意事項を管理する。

(6) モルタル裏面、タイル裏面は、金属笠木の使用等により水が回らないように設計する。

3. 設計者・監理者が守るべき設計仕様

(1) 材料、施工と試験に関する設計仕様を次に示します。

a. 材料

①タイルの製品（種類、形状、色調、裏あしの形状および寸法）

②モルタルの調合。

b. 施工

①下地（コンクリート素地面の状態、下地モルタルの浮き・伸縮調整目地）

②タイルの浮き

③外観（割れ、欠け、目地の通り、平担さ）

c. 試験

①接着力（引張接着強度)。

(2) 設計者、監理者、建設業者（施工者）は、設計内容と工事内容の確認と調整を行い、総合図にまとめます。また、検討課題がある場合は、その検討方針・スケジュールを決め、工事への支障が発生しないように対応します。

(3) 設計者・監理者は発注者に総合図を説明します。説明を通じて工事（設計）内容への発注者の理解を深めるとともに、発注者の要求内容や使い勝手などを確認します。

(4) 発注者とのコミュニケーションは、「発注者の建物をつくる」ことを忘れずに、発注者が理解できる言葉で設計内容、工事内容をできるだけ具体的に説明し理解を深めます。

(5) 設計者のコミュケーションは、「良いものをつくる」という共通目的を実現するために、相互の知識や知恵を結集する良いコミュケーションに努めます。

(6) 建築業者とのコミュケーション

  a. 建築・設備工事の相互取り合いの確認及び別途工事の内容と対応を確認します。

  b. 設計図書に盛り込まれた内容が、確実に問題なく施工できる内容であることを確認し、総合図へ反映します。

(7) 躯体図にタイル割り図が反映されます。適切なタイル下地を作るためには、タイル割り図から躯体の寸法を決めます。

(8) 外壁タイルの張付け部の接着強度が応力度より大きいとき、剥離の可能性があります。

  a. 張付け部の応力度の減少（主として設計に関連）

  b. 接着強度の確保（主として施工に関連）

4. 経年変化による施工不良は誰の責任か

　経年劣化とは、時間的経過や年数の経過によって自然にその品質、効果や性能が減少していくことです。外壁モルタル・タイルが剥離・剥落する原因は、年月の経過で蓄積する劣化のほか、外気温の変動、紫外線や太陽輻射熱による膨張・収縮、さらにひび割れによる雨水の浸入等によるものが考えられます。

　外壁タイルの施工不良は、品確法の対象外で、売主の目的物の通常の使

用に支障をきたさないものということであれば契約不適合責任の対象外であり、同法で責任を問えるのは、「構造耐力上、主要な部分」「雨水の浸入を防止する部分」だけです。また、経年劣化によって浮きが発生したことは、事実であったとしても、タイルの浮いた部分が経年劣化と思われる割合を差し引いて請求を決定することになります。

　老朽化の進行したタイル・外壁等が落下して第三者や周辺の建築物に人的・物的被害を発生させた場合には、工作物責任等の責任を問われます。責任を問われるのは、民法上第一義的には占有者であり、占有者自身に過失が無いことが証明できた場合には、建物の所有者が賠償すべき責任（民法第717条）を負う可能性があります。また、所有者には、損害賠償責任の発生だけでなく、外壁タイル・外壁の剥離により美観が損なわれたことによる資産価値の減少、安全軽視との評価を受ける等、信用毀損の発生等により想定される影響が多岐にわたります。

　経年劣化が生じたときには、契約の当事者である売主あるいは販売業者に連絡して調査や補修を依頼すると同時に説明を求めたいところです。多くが裁判に発展する事例です。

5. 外壁タイルが剥離・剥落したときの責任は誰がとるのか

（1）責任問題

　a. 契約不適合期間内のタイルの剥離：契約不適合責任が成立

　　①マンション分譲会社（売主）のマンション購入者（区分所有者）（買主）に対する責任：あり

　　　売主は、買主に対する責任を負います。

　　②建築会社のマンション分譲会社（売主）に対する責任：あり

　　　建築会社は、マンション分譲会社（売主）に対してマンションの建築請負契約に伴う契約不適合責任を負います。これらのことから、最終的な責任は、マンションの建築会社になります。

　b. 契約不適合期間が経過した後のタイルの剥離

①マンション分譲会社（売主）のマンション購入者（買主）に対する不法行為責任：否定的

　マンション分譲会社（売主）に過失があるときは、マンション購入者（区分所有者）（買主）に対し、不法行為による損害賠償義務を負いますが、マンション分譲会社（売主）の過失は、工事に剥離が生じることを予見できたといえる場合になりますので、通常考え難いことです。

②建築会社のマンション購入者（買主）に対する不法行為責任

　建築会社に過失があるときは、不法行為による損害賠償義務を、損害を受けるマンション購入者（買主）に対して負います。

(2) 過失責任

a. 最高裁平成 19.7.6 の判決、東京地裁平成 20.1.25 判決では、一般論として、契約の当事者間でも、不法行為の要件を満たす場合は、契約不適合責任以外の不法行為責任を認めるとされました。

b. 外壁タイルの剥離と建築会社の過失

　タイル張り工事は、各資材の特質を考慮した施工の必要性が大きく、そのために各メーカーの施工要領書やJASS 19「陶磁器質タイル張り工事」やJASS15「左官工事」などに従い施工する必要があります。これに違反した施工をして完成後の数年後にタイルの剥離が生ずると過失が認定される場合があります。東京地裁平成 20 年 12 月 24 日判決は、建設会社に重過失認定しています。

c. 不法行為による損害賠償の責任期間

①タイルの剥離・剥落があったことを知ったときから「3 年以内」に行使するなら損害賠償の請求が可能です。

②損害賠償の請求時点で、タイル工事をしてから 20 年を経過していると、損害賠償の請求はできません。

(参考：菊池捷男「マンション外壁のタイルが剥離したときの責任問題」マイベストプロ岡山 (2014年1月29日公開) https://mbp-japan.com/okayama/kikuchi/column/3306920/)

6. 所有者の善管注意義務違反

　民法第 400 条によれば、新築のようにその物の個性に着目して取引される物の引渡しの義務を負う者は、その引渡しが完了するまで、その物を「善良なる管理者の注意義務」をもって保存しなければなりません。これを「善管注意義務」と言います。

　建物の契約成立後から建物の引き渡しまでの期間に、何らかの事情で建物が破損したとすると、売主が一般的・客観的に要求される程度の注意義務（善管注意義務）を果たしていたかどうかが問題となります。善管注意義務を果たしていたのであれば、売主には過失がないことになるので、売主には債務不履行責任（民法第 415 条の責任）が発生しないことになり、破損による損失は危険負担（民法 534 条）として処理されることになります。賃貸借契約における善管注意義務違反とは、どんな行為が該当するのでしょうか。物件所有者から善管注意義務が要求される場面は、次のような状況が該当します。

　①借主の不注意で雨が吹き込んだことによるタイルの汚れ、色むらなど
　②外壁タイルの浮き、剥離
　③水漏れを放置した結果の外壁タイルの汚れ、染み
　④借主の管理が不十分であったことが原因で、物件に劣化や破損をもたらした場合など

3 タイル張り施工時のチェックポイント

1. 接着張り工法のチェックポイント

　ここでは、戸建住宅や高層ビルの外壁などに有効なタイル張りを下地モルタルに使用する「MCR 工法」と有機系接着剤による「タイル接着張り工法」を主体に「接着剤張り工法のチェックポイント」を解説します。

　新築工事関連では、建設省官民連帯共同研究「有機系接着剤張りを利用した外装タイル・石張りシステムの開発」が、1993 年〜 1995 年に実施されました。また、2006 年には、接着剤が JIS A 5557（外装タイル張り用有機系接着剤）として標準化され、さらに、2013 年には、国土交通省大臣官房官庁営繕部制定「公共建築工事標準仕様書」に記載されました。

　タイルの剥離は、接着力と壁面に発生する応力との関係で発生し、接着力を上回って発生します。最近は、建築業界で次のような理由で「接着張り工法」が標準になる傾向があります。

(1) タイルが剥がれにくくなる。

　接着剤層は、下地の動きや、強い日差しや風雨、雪などの気象や温度の変化による発生応力を緩和することができるため、タイルとの剥離が発生しにくいです。

(2) 目地詰めしない空目地施工が可能になり、意匠の自由度が向上します。

(3) 経年劣化による補修費用も大きく抑えられます。

　タイルは非常に硬く、高い耐久性があるため、物でこすり、風で巻き上げられた砂などが吹き付けられても、滅多に傷がつきません。定期的なメンテナンスを実施した場合には、20 年、30 年経過後も美しい姿を表す魅力があります。

(4) 接着剤中に水酸化カルシウムが含まれていないので、仮にすき間に雨水が浸入してもエフロレッセンスが発生しません。

　接着剤塗りはひび割れが発生しにくく、接着剤層が水を通さないため、

エフロレッセンスが発生しにくいです。

このように、「接着張り工法」は、上述の有効性と効果があり、エフロレッセンスが生じないことから、セメントモルタル張り工法より単価がアップすることがあります。

☑Point

1 施工前に「モルタル、コンクリート躯体の不陸の精度」「環境条件によっては施工を行わないこと」を確認する

2 外装タイル接着剤張り表面の打仕上げの種別・平坦さの標準値および金鏝の仕上げ方法を確認する

3 外壁の伸縮調整目地の位置および深さなどが施工図に納まっているか確認する

4 化粧目地の施工、目地の深さ及び清掃状況を確認する

5 外装タイル表面の設計ひび割れ幅は、耐久性（剥離抵抗、劣化抵抗）、漏水抵抗性および品確法の値を目安に設計する

☑**Point 1** 施工前に「モルタル、コンクリート躯体の不陸の精度」「環境条件によっては施工を行わないこと」を確認する

(1) モルタル、コンクリート躯体の不陸の精度を確認する

不陸の精度を改善するために「MCR工法の場合」、「目荒し工法の場合」の方法を示します。

　a. MCR工法の場合（図1～図4）

　　①せき板の材料は、「合板の日本農林規格」第5条「コンクリート型枠用合板の規格」による「表面加工品」と「表面加工以外の板面」の品質基準の記号B－Cによる。

　　②MCR工法用シートは、難燃処理を行った合成樹脂製の気泡性緩衝シートとし、モルタルとの接着強度が確保できるよう、適切な形状

を有するものとする。

③気泡性緩衝シートはタッカーによるステープルで、せき板の表面にしわにならないように留め付ける。また、端部は、シートがコンクリートに食い込まないように留め付ける。

b. 目荒し工法の場合（図5〜図9）

①コンクリート壁面に高圧水洗処理で目荒しを行う場合は、水圧及び目荒し時間を適切に設定し、モルタルの接着に適した粗面に仕上げる。

②高圧水洗処理に先立って試験施工を行い、目荒し状態を確認する。

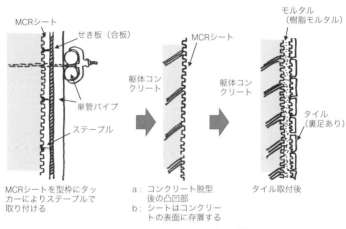

図1　MCR工法の取り付け手順

（LIXIL ビジネス情報『タイル張りの設計と施工』p.450）（イラスト：宮之腰鹿之介）

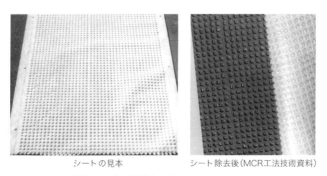

図2　MCR工法シート　（㈱日本陶業提供）

図3　MCR工法の断面 （イラスト：宮之腰鹿之介）

図4　MCR工法タイル張り
（イラスト：宮之腰鹿之介）

図5　高圧水洗処理による目荒らし
の下地処理 （イラスト：宮之腰鹿之介）

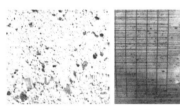

図6　高圧水洗処理による目荒らし状況
（左：LIXILビジネス情報『タイル張りの設計と施工』p.451、
右：㈲ソーエイ資料『タイル下地の目荒らし』p.4）

図7　タイルの接着剤張り状況 （イラスト：宮之腰鹿之介）

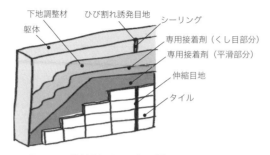

図8 タイルの接着剤張り工法の断面 (イラスト：宮之腰鹿之介)

接着剤のくし目と鏝で平滑部仕上げ　　　　　接着剤の平滑部分にタイル張り

図9 下地調整材に接着剤塗りとタイルの張付け (イラスト：宮之腰鹿之介)

(2) 環境条件によっては、次のようなとき施工を行わない。

　　a. 降雨・降雪時、強風時などタイル工事に支障のあるとき及びそれが予想される場合

　　b. 塗り付け場所の気温が3℃以下および施工後3℃以下になると予想される場合

☑**Point 2**　外装タイル接着剤張り表面の打仕上げの種別・平坦さの標準値および金鏝の仕上げ方法を確認する

(1) 表面の打仕上げの種別・平坦さの標準値

　躯体コンクリート表面の仕上がり状態は、表1の「打放し仕上げの種別」のA種及び表2の「コンクリートの仕上りの平坦さの標準値」によるもの

とし、下地調整塗材（JIS A 6916：建築用下地調整塗材）によるセメント系下地調整厚塗材2種（下地調整塗材CM-2）2回塗り、総厚10mm以上とします。

(2) 金ごての仕上げ方法

接着剤は、金ごてを用いて平らに塗布したあと、所定のくし目ごてを用いて壁面に60度の角度を保ってくし目を立てます。

　a. タイルは、裏あしのあるタイルを用いる。

　b. 接着剤を塗り付けて張り付ける場合は、下地面にくし目を立てて均一に広げて裏あしに対して直交または斜め方向にくし目を立てる。

表1　打放し仕上げの種別

種別	表面の仕上がり程度	せき板の程度
A種	目違い、不陸等の極めて少ない良好な面とする	6.8.3(b)(1)のせき板ではほとんど損傷のないものとする
B種	目違い、不陸等の少ない良好な面とし、グラインダー掛け等により平滑に調整されたものとする	6.8.3(b)(2)のせき板ではほとんど損傷のないものとする
C種	打放しのままで、目違い払いを行ったものとする	6.8.3(b)(2)のせき板で使用上差し支えない程度のものとする

[注]6.8.3(b)(1)：「合板の日本農林規格」第5条「コンクリート型枠合板の規格」による表面加工品

（『公共建築工事標準仕様書（建築工事編）』p.37）

表2　コンクリートの仕上りの平坦さの標準値

コンクリートの内外装仕上げ	平坦さ	適用部位による仕上げの目安	
		柱・梁・壁	床
コンクリートの見え掛りとなる場合又は仕上げ厚さが極めて薄い場合その他良好な表面状態が必要な場合	3mにつき7mm以下	化粧仕上げコンクリート、塗装仕上げ、壁紙張り、接着剤による陶磁器質タイル張り	合成樹脂塗料、ビニル系床材張り、床コンクリート直均し仕上げフリーアクセスフロア（置敷式）
仕上げ厚さが7mm未満の場合その他かなり良好な平坦さが必要な場合	3mにつき10mm以下	仕上げ塗材塗り	カーペット張り、防水下地、セルフレベリング材塗り
仕上げ厚さが7mm以上の場合又は下地の影響をあまり受けない仕上げの場合	1mにつき10mm以下	セメントモルタルによる陶磁器質タイル張り、モルタル塗り、胴縁下地	タイル張り、モルタル塗り、二重床

（『公共建築工事標準仕様書（建築工事編）』p.38）

また、タイルは下地に接着剤をくし目で張り付け埋め込むように張り付ける。

c. RC 造の躯体に張り付ける場合は、不陸やせき板の段差や目違いが生じるため、下地の不陸を調整する必要がある。その場合には、接着剤の塗り代が薄いので下地の精度によって仕上がりが左右される。

d. 接着剤を平坦に塗り付ける場合は、一度くし目を立てたのちに金ごてを用いて平坦に均す。ただし、目地幅が 3mm 以下の空目地の場合は、くし目状態のままとする。

☑**Point 3**　外壁の伸縮調整目地の位置および深さなどが施工図に納まっているか確認する

(1) 伸縮調整目地の位置は、施工図に納まっているか確認します。

(2) 伸縮調整の目地幅は 10mm 以上として、深さをコンクリートに達するまでとします。

(3) 水平方向と垂直方向の伸縮調整目地に囲まれた面積は 10m² 以内とします。

(4) 外壁水平方向の伸縮調整目地は、各階ごと打継ぎ目地の位置に設けます。

(5) 伸縮調整目地は、発泡合成樹脂板の類を用い、目地周辺から浮き上がらないよう、構造体まで達するようにします。

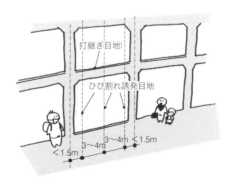

図 10　伸縮調整目地の位置（一般壁）（イラスト：宮之腰鹿之介）

☑Point 4　化粧目地の施工、目地の深さ及び清掃状況を確認する

(1) 化粧目地の施工

　a. 目地部に盛り上がったモルタルは、鏝押えして目地も同時に仕上げます。ただし、目地深さが深くなる場合には、後目地の施工を行います。

　b. タイルの張付け後は、時間が経過しない間にタイル周辺のモルタルを除去します。

　c. 目地の水洗いは、目地材が十分に硬化したあとに実施します。

　d. 目地詰め後は、乾燥を確認してタイル面に付着したモルタルをスポンジでふき取ります。

　e. タイル表面の洗浄は、作業による汚れ、目地詰め後できるだけ早く拭き取ります。

　f. 色調は、現場での見本塗り後に決定します。

(2) 化粧目地の詰め方

　化粧目地を詰める場合は、接着剤の硬化状態を確認して行います。

　a. タイル張付け後、24時間以上経過したのち、張付けモルタルを見計らって目地詰めを行います。

　b. 目地の深さは、タイル厚の1/2以下とします。

　c. 目地詰めは、モルタルの硬化を見計らい目地鏝で仕上げます。

(3) 目地の清掃

　清掃は、タイル面と目地モルタルの状況に応じて適当な方法で行います。

　a. 清掃は水洗いを原則とし、ブラシや雑巾などを用いてタイル面の汚れを除去します。

　b. 目地モルタルによる汚れが甚だしいときは、酸洗いを行います。タイルや目地に酸類が残らないように十分に水洗いを行います。

　c. タイル表面に付着した接着剤は、硬化する前に汚れ除去用の発泡製品、砂消しゴミなどで削り取ります。

☑**Point 5**　外装タイル表面の設計ひび割れ幅は、耐久性（剥離抵抗、劣化抵抗）、漏水抵抗性および品確法の値を目安に設計する

(1) 剥離抵抗性に対する構造体コンクリートに生じる収縮ひずみ

　　タイル等の仕上げ材の剥離は、仕上げ材と下地コンクリートとの界面に生じる引張応力・せん断応力が仕上げ材の下地への付着強度を上回った場合に生じます。『鉄筋コンクリート造建築物の収縮ひび割れ制御設計・施工指針（案）・同解説』（2007、p.42）では、タイル等の仕上げ材の剥離現象を防止するために、コンクリートの収縮ひずみを設計値として 800×10^{-6} 以下を採用しています。

(2) 劣化抵抗性（鉄筋腐食）に関する許容ひび割れ

　　表3、表4に日本建築学会『建築工事標準仕様書 JASS 5』「許容ひび割れおよび耐久設計指針」に定める許容ひび割れ幅など、表5に品確法に基づく構造材による仕上げの場合の瑕疵が存する可能性を示します。

a. 諸外国の許容ひび割れ幅の規定：0.2 〜 0.4 が閾値

b. 日本建築学会「鉄筋コンクリート造のひび割れ対策」：0.3mm（最大ひび割れ幅制御目標値）

c. 日本建築学会『建築工事標準仕様書 JASS5』許容ひび割れ：計画供用期間が長期・超長期の場合 0.3mm

d. 日本建築学会、耐久設計指針に定める許容ひび割れ幅の目標値

　　屋外の耐久性：　0.3mm（雨がかり）以下

　　屋内の耐久性：　0.5mm 以下

　　常時水圧の作用がない：0.2mm

e. 日本建築学会、収縮ひび割れ指針に定めるひび割れ幅

　　劣化抵抗性を確保する：

　　　設計ひび割れ幅　屋外 0.2mm（最大 0.5mm 以下）

　　ひび割れの設計値：

　　　設計ひび割れ幅 0.2mm（許容ひび割れ幅 0.3mm）

　　　屋内のひび割れの設計値：設計ひび割れ幅 0.3mm 以下（最大

0.5mm 程度）

f. 日本建築学会、許容ひび割れ幅による劣化原因の強さの分類

鉄筋腐食にほとんど影響を及ぼさない程度のひび割れ幅

一般の屋外　　　　0.4mm 未満

環境の厳しい場合　0.1mm 未満

表3　日本建築学会、耐久設計指針に定める許容ひび割れ幅

要求性能	部位		許容ひび割れ幅
耐久性	屋外	雨掛り	0.3mm
		雨がくれ	0.4mm
	屋内		0.5mm
漏水	常時水圧が作用する部位		0.05mm
	常時水圧が作用することのない部位		0.2mm

（日本建築学会『鉄筋コンクリート造建築物の耐久設計施工指針（案）』2004 年、
コンクリート工学協会『コンクリートのひび割れ調査、補修、補強指針』2013 年）

表4　許容ひび割れ幅による劣化原因の強さの分類

劣化原因の強さ	コンクリート表面におけるひび割れ幅	
	一般の屋外	環境の厳しい場合
小（鉄筋腐食にほとんど影響を及ぼさない程度のひび割れ幅である）	0.4mm 未満	0.1mm 未満
大（鉄筋腐食に影響を及ぼすひび割れ幅である）	0.4mm 以上	0.1mm 以上

（日本建築学会『鉄筋コンクリート造建築物の耐久性調査・診断および補修指針（案）同解説』1997 年）

表5　品確法に基づく構造体による仕上げの場合の瑕疵が存する可能性

レベル	住宅の種類	構造耐力上主要な部分に瑕疵が存在する可能性
	鉄筋コンクリート造住宅または鉄骨鉄筋コンクリート住宅	
1	レベル2およびレベル3に該当しないひび割れ	低い
2	幅 0.3mm 以上 0.5mm 未満のひび割れ（レベル3に該当するものを除く）	一定程度存する
3	①幅 0.5mm 以上のひび割れ②さび汁を伴うひび割れ	高い

（住宅の品質確保の促進等に関する法律、建設省告示第千六百五十三号、
改正、平成一四年八月二〇日国土交通省告示第七二一号）

この結果、一般環境下において劣化抵抗性（鉄筋腐食）を確保するための許容ひび割れ幅は、屋外で 0.3mm, 屋内で 0.5mm とし、設計ひび割れ幅は、屋外で 0.2mm 以下、屋内で 0.3mm 以下とします。

(3) 漏水抵抗性を確保する場合の許容ひび割れ幅

  a. 漏水抵抗性は、構造体コンクリートのひび割れ幅によって評価します。漏水抵抗性の限界状態は、漏水につながる恐れのあるひび割れ幅が構造体コンクリートに生じるときとします。

  b. 漏水抵抗性の許容ひび割れ幅は既往研究も多く、研究者によって 0.15mm 〜 0.2mm と大きな違いがあります。一般的な外壁は、常時水圧が作用することのない部位で、鉄筋によって内部のひび割れ幅はある程度制限されていること、仕上げ塗料材が施されることなどを考慮し、表面のひび割れ幅として 0.15mm を許容ひび割れ幅と判断しました。設計ひび割れ幅は、0.1mm 以下としました。

  c. ひび割れ発生確率で制御する場合は、その設計値を 5%以下とします。

    （注）ひび割れ発生確率とは：収縮拘束応力によって引き起こされるコンクリートのひび割れの起こりやすさの程度を表す評価パラメータ（日本建築学会『鉄筋コンクリート造建築物の収縮ひび割れ制御設計・施工指針（案）同解説』2007.10、pp.34-44）

(4) 品確法に基づく構造体による仕上げの場合の瑕疵が存する可能性

    品確法に「住宅紛争処理の参考となるべき技術的基準」が定められ、RC 造住宅および SRC 造住宅に発生するひび割れの幅と構造耐力上主要な部分等に瑕疵が存在する可能性との関係に関して、表 5 の基準が示されています。

  a. ひび割れ幅は、品確法において住宅に 10 年間の瑕疵担保責任が義務づけられた点を考慮すると、非常に重要な意味を有しています。新築住宅の引渡し後 10 年以内に規定値以上のひび割れが発生した場合には、消費者から販売・施工業者などに対して、無償補修の要求がなされることもあります。

b. 表5の規定値を見ると、幅0.3mm未満のひび割れは、現在のコンクリートの製造・施工技術をもってしても生じ得る可能性が高いものであり、鉄筋コンクリート造建築物の柱・梁・壁・床スラブ等に0.3mm未満のひび割れが生じていても、法的な責任が問われる可能性は低いということを意味しています。

c. 0.3mm以上0.5mm未満のひび割れは、瑕疵が存する可能性が一定程度存在します。

d. ひび割れに対する専門家の認識は、法的にも支援されているものと考えられます。消費者の認識は、コンクリートにひび割れは生じてならないというものであり、コンクリート建築物に対して相当に高い性能を要求しているというのが現状です。

なお、「不具合事象」と「瑕疵」は別の概念です。例えば、基礎部分について設計図書とは異なる不十分な施工が行われた結果、不同沈下が起こり、床の傾斜や壁にひび割れが発生した場合、傾斜やひび割れは不具合事象ですが、それ自体が瑕疵ではなく、傾斜等の不具合事象を引き起こしたそのものの原因である基礎の施工不良が瑕疵として取り扱われます。

（日本建築学会『鉄筋コンクリート造建築物の収縮ひび割れ制御設計・施工指針（案）同解説』2007.10、pp.34-44）

4 タイル張り建物の劣化現象

☑Point

1 外壁タイルのひび割れ発生および劣化現象を事前に調査して実害の低減を確認する

2 外壁タイルの剥離抵抗性に対する制御目標が施工計画書通りであることを確認する

☑**Point 1** 外壁タイルのひび割れ発生および劣化現象を事前に調査して実害の低減を確認する

(1) 外壁タイルのひび割れを防ぐには、次の原因を減少させることが重要です。

 a. 気温変化による下地モルタルや躯体コンクリートの膨張・収縮・変形を小さくする。

 b. 建物(基礎・地盤)の不同沈下や外壁への傾斜・変形を小さくする。

 c. 建設時の設計計画の不備あるいは知識不足を改善する。

 d. 躯体コンクリートの施工不良を解消する。

 e. 地震、台風などの自然災害による躯体コンクリートと仕上げ層の変形、撓みを小さくする。

(2) タイル表面に現われる劣化現象とその実害

 a. タイル面の剥離・浮き・剥落・垂れ→外観を損ねる

 b. タイルのひび割れからさび汁が現れる。→コンクリートの内部鉄筋や鋼材が腐食して耐久性を低下させる。

 c. タイル面の剥離・浮き、ひび割れによる機能性の低下→仕上げ材の付着力の低下やせん断ひび割れが発生

 d. 部材に変形・たわみが発生→外観を損ね仕上げ材の付着力が低下

図11に外壁タイル張りの剥離・剥落およびひび割れ状況を示します。

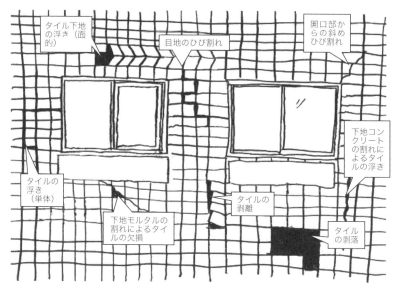

タイル下地の浮き（面的）

目地のひび割れ

開口部からの斜めひび割れ

下地コンクリートの割れによるタイルの浮き

タイルの浮き（単体）

タイルの剥離

下地モルタルの割れによるタイルの欠損

タイルの剥落

図11　外壁タイル張りの剥離・剥落およびひび割れ状況（イラスト：宮之腰鹿之介）

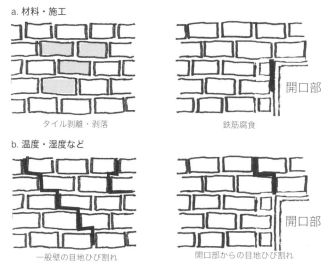

a. 材料・施工

タイル剥離・剥落

鉄筋腐食

開口部

b. 温度・湿度など

一般壁の目地ひび割れ

開口部からの目地ひび割れ

開口部

図12　外壁タイル張りやモルタル塗仕上げの剥離・剥落の形態（その1）（イラスト：宮之腰鹿之介）

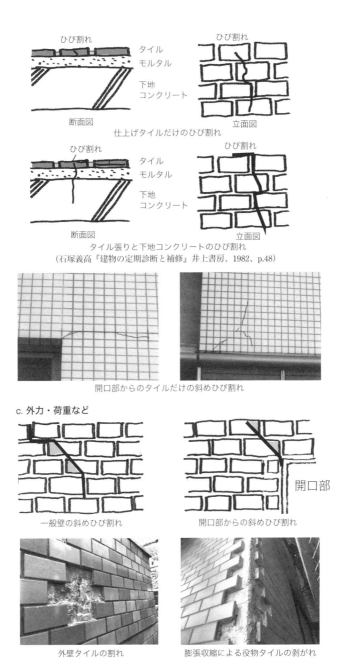

ひび割れ　タイル　モルタル　下地　コンクリート　断面図　立面図

仕上げタイルだけのひび割れ

ひび割れ　タイル　モルタル　下地　コンクリート　断面図　立面図

タイル張りと下地コンクリートのひび割れ
（石塚義高『建物の定期診断と補修』井上書房、1982、p.48）

開口部からのタイルだけの斜めひび割れ

c. 外力・荷重など

一般壁の斜めひび割れ　　　開口部からの斜めひび割れ　開口部

外壁タイルの割れ　　　膨張収縮による役物タイルの剥がれ

図12　外壁タイル張りやモルタル塗仕上げの剥離・剥落の形態（その2）（イラスト：宮之腰鹿之介）

☑**Point 2**　外壁タイルの剥離抵抗性に対する制御目標が施工計画書通り
であることを確認する

(1) 構造体および部材に対する制御目標

　表6に構造体および部材に要求される性能を満足するための収縮ひび割れまたは鉄筋応力の状態を示します。制御目標となるのは、構造体コンクリートに生じる「収縮ひずみ」または「収縮ひび割れ幅」、あるいは鉄筋に生じる「引張応力」です。

表6　構造体および部材に対する要求性能を満足する収縮ひび割れまたは鉄筋応力の状態

性能	収縮ひび割れまたは鉄筋応力の状態
鉄筋降伏に対する抵抗性	収縮ひび割れによって鉄筋の降伏につながるおそれのある「引張応力」が生じない状態
仕上げ材の剥落抵抗性	仕上材の浮き・剥落につながるおそれのある「収縮ひずみ」が生じない状態
漏水抵抗性	漏水につながるおそれのある「収縮ひび割れ幅」が生じない状態
たわみ増大抵抗性	部材のたわみが設計用たわみを上回るおそれのある「収縮ひずみ」が生じない状態
劣化抵抗性	中性化の進行および塩分の移動によって鉄筋の腐食が促進されるおそれのある「収縮ひび割れ幅」が生じない状態

(日本建築学会『鉄筋コンクリート造建築物の収縮ひび割れ制御設計・施工指針(案)・同解説』2007.10、pp.32-45)

(2) 剥離抵抗性は、構造体コンクリートに生じる収縮ひずみに影響される。

　a. 剥離抵抗性は、コンクリートおよび下地モルタルの収縮によってコンクリートと下地モルタルの境界面や下地モルタルと仕上げ材の境界面に引張応力およびせん断応力が発生し、仕上げ材の剥離が引き起こされることによって生じます。図13に一般的な外壁タイルの仕上げの劣化状況を示します。

ⅰ）軽度な劣化状況

下地モルタルと接着剤の界面破壊

タイルの浮き（単体）

下地モルタル

接着剤

躯体

タイル目地のひび割れ

タイルの単体浮きやタイル目地のひび割れが見られます。ただし、著しい機能低下はないと判断されます。

ⅱ）中度の劣化状況

下地モルタルと接着剤の界面破壊（タイル下地の浮き（面的）

接着剤

タイルのひび割れ（下地モルタルと躯体のひび割れ）

躯体

タイルの浮き（面的）

タイル下地の浮き（面的）

打診等により、タイルあるいはタイル下地の面的な浮きが確認できます。

ⅲ）重度の劣化状況

接着剤

下地モルタル

躯体

タイル、タイル下地の欠損（剥離・剥落）

タイル下地の欠損（面的）

タイルあるいはタイル下地の欠損・落下が発生しています。

図13　外壁タイルの仕上げの劣化状況 （イラスト：宮之腰鹿之介）

b. 建物で見かけるひび割れは、通常タイルの仕上げ面です。そのタイルの凝集破壊は、図 14 のように接着剤の凝集破壊、下地セメントモルタルの凝集破壊、コンクリートの凝集破壊などに影響されています。

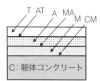

記号	破壊の位置モード
T	タイルの凝集破壊
AT	接着剤とタイルの界面破壊（未接着も含む）
A	接着剤の凝集破壊
MA	下地モルタルと接着剤の界面破壊
M	下地モルタルの凝集破壊
CM	コンクリートと下地モルタルの界面破壊
C	コンクリートの凝集破壊

図 14　引張接着試験における破壊モード（JASS 19 より）

(国土交通省大臣官房官庁営繕部監修『建築改修工事監理指針（平成 25 年版）上巻』建築保全センター、pp.429-432、『公共建築工事標準仕様書平成 28 年版』pp.50)

5 アフターフォローによる調査(タイル・モルタルの剥離調査)

　外壁のタイル・モルタルの剥離調査については、定期的外壁診断に加えて、竣工または外壁改修等から 10 年を経た建物の全面調査が必要になりました。

　このため、外壁のタイルやモルタルの浮き、剥離等の状況を定期的に把

①事前調査・ヒアリング

②計画書作成

③赤外線カメラによる現地撮影

④テストハンマーによる部分打診確認

⑤赤外線画像の解析及び浮き・剥離範囲の抽出

⑥調査結果図の図面化

⑦調査結果図の報告

図 15　タイル・モルタルの剥離調査の手順（イラスト：宮之腰鹿之介）

握する必要があります。地震時における剥落の危険、歩行者への剥落の危険、劣化損傷を未然に防止して建物の耐久性を向上させるとともに、災害の防止に資することが目的です。接着強度試験は、施工品質を確認し、施工不良を排除するための試験です。

　タイル・モルタルの剥離調査の手順は、図15を目安に実施します。

☑Point

1 浮き・剥離の測定方法は外観目視法、打音（診）法、赤外線装置法などから検討する

2 建物高さと調査箇所によって浮き・剥離の調査方法を変える

3 打音（診）法の調査頻度は、調査の箇所数、測定位置、環境条件に応じて調整し、信頼性を高める

4 赤外線放射装置による測定は、雨風の強い日、日照不足、日中温度低下、壁面が湿潤状態のときを避ける

5 換算浮き率は、浮き面積を調査面積で除して算出する

☑Point 1　浮き・剥離の測定方法は外観目視法、打音（診）法、赤外線装置法などから検討する

　外壁のタイル・モルタルは、躯体を保護し建物の美観を長期にわたり保つ優れた仕上げで、メンテナンスフリーと称されてきました。最近ではタイルの剥離事故やこれに伴う人身事故が発生しており、同じような事故発生の可能性を秘めているタイル張り建物が問題化しています。

　点検方法は「打診検査」を実施する場合が非常に多いです。「打診検査」が容易で、かつ精度が高いためと推測されます。

　表7にタイル・モルタルの浮き・剥離の測定方法の一覧、図16〜22に測定方法の概要を示します。本書で取り上げる浮き・剥離の測定方法は、外観目視法、打音（診）法と赤外線装置法および両法の併用とします。

表7 タイル・モルタルの浮き・剥離の測定方法

No.	調査方法	調査内容
1	外観目視法	診断者が、直接壁面に接することができる箇所については肉眼により、診断者が直接壁面に接することができない箇所については高倍率の双眼鏡、望遠鏡またはトランシットなどを利用して、外壁の浮き、剥離を調査する方法
2	打音(診)法	テストハンマー・打診棒（点検棒）でタイル・モルタル面を軽く叩き、コロコロ転がして、その仕上げ面からの発生音を直接人間の耳で聴き、発生音の違いによって調査を行う a. 部分打音（診）法： 　手の届く範囲で仮設足場なしで、通常時の剥落の危険の大きいと思われる部分について一部分を調査する方法。足場やゴンドラを利用して部分的に調査する場合もある b. 全面打音（診）法： 　仮設足場、高所作業車、ロープブランコなどを利用して建物全体を打音（診）で調査する方法
3	打撃法	打音（診）法を機械化したもので、打撃発生装置で連続的に打撃しながら、その発生音を集音マイクから騒音計で捉え、高所作業車、ゴンドラ（無人）、ロープブランコに載せたレベルレコーダーに自動的に記録して調査を行う
4	反発法	a. コンクリート強度試験用のシュミットハンマーでタイル・モルタル面に打撃を与え、反発度を自動的に記録し、その差によって調査する b. 使用する場合には、反発力を弱めずに非破壊の剥離診断ができるように、プランジャーには固定しない緩衝プレートを取り付けたタイル破損防止治具を併用する c. 測定厚さは、10cm 以上のコンクリート部材とする d. 機器の測定は、隅角部より 3cm 以上離す（内側とする）
5	超音波法	タイル・モルタルの仕上げ面に振動子をあて、超音波パルスを加え、浮き・剥離界面に反射した超音波パルスを受振子が受信するまでの時間を測定して調査を行う
6	表面温度法 （赤外線放射温度法）	太陽の日射や気温の変動による気象変化を受けると、タイル・モルタルの表面温度を建物周辺の地上あるいは近隣の建物の上に設置した赤外線映像装置で材料の比熱や熱伝導の違いによるパターンを計測し、温度差による表面温度図を記録し、調査を行う。この方法は次の2つがあり、熱電対を利用して「接触型表面温度計」と非接触型の「赤外線放射温度計」である。今回は後者の赤外線放射温度計（以下：赤外線装置法と略す）を対象に検討する
7	上記以外の調査方法	a. アコースティックスエミッション（AE 法） b. X 線透過法 c. α 線ラジオグラフィ法 d. γ 線ラジオメトリ法

図16　外観目視法
（イラスト：宮之腰鹿之介）

図17　打診法
（イラスト：宮之腰鹿之介）

図18　点検法
（イラスト：宮之腰鹿之介）

シュミットハンマー

図19　反発法 （イラスト：宮之腰鹿之介）

図20　超音波法 （イラスト：宮之腰鹿之介）

図21　表面温度法（赤外線放射温度法）（イラスト：宮之腰鹿之介）

打診棒テストハンマー
（上：長さ：42cm）
（下：長さ：30cm）

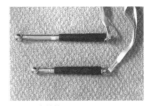

点検棒テストハンマー
（上：長さ：7cm→110cm）
（下：長さ：5cm→70cm）

図22　テストハンマー

☑Point 2　建物高さと調査箇所によって浮き・剥離の調査方法を変える

（1）建物高さ・調査箇所に応じた調査方法

　調査・測定方法は、建物の高さおよび調査箇所を考慮しなければなりません。表8、図23～図25のように建物の高さおよび調査箇所によってタイル・モルタルの浮き・剥離の調査方法を変えることが必要です。

表8　調査箇所によるタイル・モルタルの浮き・剥離の測定方法

建物高さ	調査箇所と仮設	調査方法			
		目視調査	テストハンマー・打診棒の仕様		赤外線調査
			部分調査	全面調査	
低層建物	手の届く範囲 仮設足場なし	○	○		
	2階～3階 仮設足場あり	○	○	○	
中・高層建物	4階～7階 仮設足場あり		○	○	
高層・超高層 建物	8階～ 仮設足場あり			○	
	高所作業車			○	○※
	ロープブランコ			○	○※
	ゴンドラ			○	○※

※赤外線調査は、事前にテストハンマーによって部分打音（診）法を行って健全部と剥離部の差をあらかじめ確認してから行う。

図23　タイルの剥離・剥落状況

図24　高所作業車による調査

（イラスト作成：宮之腰鹿之介）

図 25　赤外線サーモグラフィで撮影（濃色［高温部］が浮き箇所）

（非破壊調査 SST 研究所技術資料）

表 9　タイル・モルタルの 浮き・剥離測定方法の特徴

調査方法	メリット	デメリット
打音（診）法調査	1. 環境条件に影響されにくく、安定した調査が可能 2. 開口部、バルコニー、入り組んだ箇所の調査が比較的得意 3. 簡易な方法として、今後も十分適用する 4. 診断に用いる道具が簡単	1. 足場やロープブランコを使用する場合、落下の危険がある。また、コストが高くなる 2. 広い面積の場合、コストが高くなる 3. 主に手作業の記録になるため、不正確な場合がある 4. 音が出る作業のため、居住者に多少の影響がある 5. 接触調査のため、異常部が悪化する可能性がある 6. 判定値が記録として残らない 7. 判定は熟練度により差がある 8. 調査に多くの時間と費用を要する 9. 高所では、足場やゴンドラが必要
赤外線装置調査	1. 非接触のため、足場やゴンドラ等の設備を必要としない 2. 足場等を組む必要がなく、地上や屋上などの作業となるため、安全に調査できる 3. 広範囲の壁面の調査のコストが低く抑えられる 4. 広範囲の壁面を少人数かつ比較的短時間で効率よく調査できる 5. 無騒音のため、建物屋内に与える影響がない 6. 非接触調査のため、壁面に悪影響がない 7. 調査内容が熱画像のデータとして記録できる	1. 調査は、天候・立地・建物形状など環境条件の影響を受ける。日中温度 5℃ 以下の場合は測定できない 2. 仕上げ材の厚さによって、同程度の浮き・剥離でも高温域の現れ方が異なる 3. 雨や風の強い日（5m/s 以上）の測定が困難である 4. 壁と赤外線装置の間に植木・看板などの障害物があると測定できない 5. バルコニー、庇などの出隅・入隅。凹凸部などは診断精度が落ちる 6. 赤外線画像から浮き部を抽出する際に個人差が生じる 7. 建物の汚れによる輻射熱と日射吸収熱の違いにより、表面温度に差が表れる

(2) 調査方法による特徴

打音（診）法、赤外線装置は、調査する建物について、測定箇所、場所および測定範囲などにを事前に調べ、機器のメリット、デメリットを評価して選定します。

表9にタイル・モルタルの調査方法の特徴を、表10に打音（診）法と赤外線装置の特徴を示します。

表10　打音(診)法と赤外線装置の特徴の比較

項目	打音(診)法	赤外線装置法
平成20年改正建築基準法への適合	◎	◎
調査器具	テストハンマー・打診棒（点検棒）	赤外線サーモグラフィーカメラ（デジタル）
調査方法	接触による調査	非接触による調査
診断精度	精度の高い診断には経験が必要○	高品質・高精度調査を実現○ 歪みがあり、精度はやや低い△
コスト	×	○
仮設設備	部分打音法：仮設足場なし 全面打音法：高所作業車・ゴンドラ・ロープブランコ	全面調査：高所作業車・ゴンドラ等の特殊な場合は要
作業効率	×	○
工期	×	○
気象条件	雨・風作業可能だが好ましくない△	雨・風等天候の影響を受ける×
高所の点検	×	見上げ角が大きいと、天空が反射しやすい△
作業の安全性	手の届く範囲○ 仮設足場×	高所作業車・ゴンドラ・ロープブランコ×
プライバシーへの影響	壁面近くでの作業×	近隣の地上や屋上からの遠距離作業○
建物の影響	浮き部が広がり危険性あり× 壁つなぎ処理×	非接触○
壁面の汚れ	○	汚れの輻射熱と日射吸収熱の違いにより、表面温度に差が現れる×
居住者への影響	振動・騒音あり×	○
データの記録	手書き記録×	データ記録○

(3) 特殊建築物（マンション該当）の外部診断の定期調査

　外装仕上げ材等に関しては、2008年4月1日以降から、表11のように平成20年度国土交通省告示第282号別表（抜粋）から最終改正 令和2年4月国土交通省告示第508号に外壁の全面打診が義務付けられました（建築基準法施行規則の一部改正及び令和2年国土交通省告示第508号別表参照）。また、建築基準法第8条1項（維持保全）の中では、「建築物の所有者、管理者または占有者は、その建築物の敷地、構造および建築設備を常時適法な状態に維持するように努めなければならない」とされています。

　図26に外装仕上げ材のタイル、石貼り等（乾式工法等によるものを除

表11　最終改正令和2年4月国土交通省告示第508号別表抜粋

（い）調査項目	（ろ）調査方法	（は）判定基準
外装仕上げ材等 タイル　石貼り等 （乾式工法によるものを除く）モルタル等の劣化及び損傷の状況	I 建築基準法第12条第1項の定期調査報告に際して行うテストハンマーによる打診等 ①開口隅部、水平打継部、斜壁部等のうち、手の届く範囲をテストハンマーによる打診等により確認する ②その他の部分は必要に応じて双眼鏡等を使用し、目視により確認する 上述の①または②で異常が認められた場合には、「落下により歩行者等に危害を加える恐れのある部分を全面的にテストハンマーによる打診等により確認する」 II 概ね10年ごとに行うテストハンマーによる全面打診等 ③竣工後、外壁改修後もしくは落下により歩行者等に危害を加える恐れのある部分を全面的なテストハンマーによる打診等を実施した後10年を超えている場合 ④3年以内に落下により歩行者等に危害を加える恐れのある部分の全面的なテストハンマーによる打診等を実施していない 上述の③かつ④の場合は、 ⑤落下により歩行者等に危害を加える恐れのある部分を全面的にテストハンマーによる打診等により確認する 　ただし、別途として当該調査の実施後、3年以内に外壁改修若しくは全面打診等が行われることが確実である場合又は別途歩行者等の安全を確保するための対策を講じている場合は、全面打診を実施しなくても差し支えない	外壁タイル等に剥落等があること又は著しい白華、ひび割れ、浮き等があること

く）、モルタル等の劣化及び損傷の状況に関する調査の実施手順を示します。建築物の外装材の種と時期によっては、全面打診調査を行い、建築基準法第 12 条に基づく定期報告を行う必要があります。

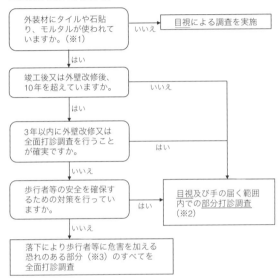

全面打診調査の実施手順

外装材にタイルや石貼り、モルタルが使われていますか。（※1） ──いいえ→ 目視による調査を実施

↓はい

竣工後又は外壁改修後、10年を超えていますか。 ──いいえ────┐

↓はい

3年以内に外壁改修又は全面打診調査を行うことが確実ですか。 ──はい────┤

↓いいえ

歩行者等の安全を確保するための対策を行っていますか。 ──はい→ 目視及び手の届く範囲内での部分打診調査（※2）

↓いいえ

落下により歩行者等に危害を加える恐れのある部分（※3）のすべてを全面打診調査

※1 対象となる外壁は、仕上げ材の下地材としてコンクリート、プレキャストコンクリート、パネル、ＡＬＣパネルなどにモルタル又は接着剤等で張り付けられたタイル、石貼り等現場、工場等でコンクリートなどと同時に打ち込まれたもの。

※2 目視や部分打診調査により異常が認められた場合は全面打診調査を実施する。

※3「落下により歩行者等に危害を加える恐れのある部分」とは次の部分です

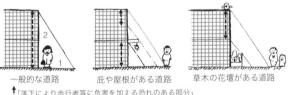

一般的な道路　　　　庇や屋根がある道路　　　草木の花壇がある道路

↕「落下により歩行者等に危害を加える恐れのある部分」
（この部分が全面打診範囲）

図26　外装材のタイル・モルタル等の劣化および損傷の状況に関する調査の実施フロー（全面打診調査フロー）（建築基準法第 12 条に基づく特殊建築物の定期報告制度の改正、平成 28.6.1）（イラスト：宮之腰鹿之介）

外壁の診断方法に対する建設省住宅局の通達（平成 12 年）

　最近は、赤外線装置や可視カメラをドローンに搭載して建築物の維持保全に活用する事例が報告されています。国土交通省では、建築基準整備事業として平成 29 年〜 30 年度に「非接触方式による外壁調査の診断手法および調査基準に関する検討」が実施されました。

　建築基準法 12 条の定期報告制度における外壁調査では、原則竣工後 10 年ごとに、落下により歩行者等に危害を加える恐れのある部分について全面打診等による調査が求められています。

　今回は、この点を改善していくことを目的として、非接触方式による外壁調査技術(報告書：(財)日本建築防災協会)について検討が行われました。適用する場合には、次のことを事前に検討して実施することが重要です。

a. ドローンで外壁調査する場合は、撮影時期や建築物の形状等を検討する。

b. 建築物の外装材の浮き・剥離などの小さい温度差を検出することが困難である。

c. ドローンの飛行可能な時間帯と赤外線調査が可能な時間帯を検討する。

d. 調査は、対象建建物の立地条件、建築物の形状、調査時期などをよく検討し、安全確保を計画する。

e. 赤外線装置で外壁調査を行う場合は、適用限界を踏まえて実施する。

☑**Point 3**　打音（診）法の調査頻度は、調査の箇所数、測定位置、環境条件に応じて調整し、信頼性を高める

（1）外観目視法

　表 7 の外観目視法を参照

（2）打音（診）法

a. 打音（診）法は、テストハンマーあるいは打診棒（点検棒）を用いて、タイル・モルタル面を軽く叩いたり、自動車のワイパーのように連続的にコロコロ転がしたりして、その仕上げ面（浮き・剥離がないかど

うか）からの発生音を直接人間の耳で聴き、発生音の差違を聴き分けて調査します。

b. 調査の箇所数は 100m² ごと、およびその端数につき 1 ヶ所以上、かつ全体で 3 ヶ所以上とします。

c. 測定の位置は、監理者の指示によります。人的使用などにより影響を強く受ける箇所や居住者に影響の少ない塗装面など、すべての方向の傾向を確認するため、東西南北の各 1 〜 2 ヶ所以上を選定します。

d. 調査は原則として降雨時、降雪時、強風等などタイル・モルタル工事に支障のあるとき、ならびに調査場所が気温 5℃ 以下および施工後に 5℃ 以下になると予測される場合には行いません。

(3) 部分打音（診）法

テストハンマー・打診（点検）棒の利用、手の届く範囲で仮設足場なしで、1 階部分および階段、バルコニー、開口部、屋上等から近い位置とします。特に次の部位を重点的に調査します。

a. 開口部周辺、笠木、窓台等の材質と接している部分とその周辺の概ね 1m 以内

b. 出隅部分、パラペット上端、庇および窓台部分概ね 1m 以内

c. 欠損または剥落したタイル・モルタルの周辺約 1m 以内

d. ひび割れ部の両側概ね 1m 以内

e. 白華部およびその上部概ね 1m 以内

f. 錆の流出部およびその上部概ね 1m 以内

☑**Point 4** 赤外線放射装置による測定は、雨風の強い日、日照不足、日中温度低下、壁面が湿潤状態のときを避ける

タイル・モルタルの浮き部（剥離部）では、躯体との間に熱の不良導体である空気層が存在していることになります。

(1) 外壁の表面は、外部からの熱によって暖められ、その熱をコンクリート躯体に伝えます。

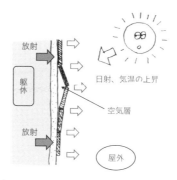

図27　各部分の熱エネルギーの変化 (イラスト：宮之腰鹿之介)

図28　浮きが生じて、せり上がった外壁タイル (さくら事務所提供)

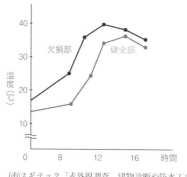

(㈲スギテック「赤外線調査、建物診断や防水工事
技術資料」p.3)

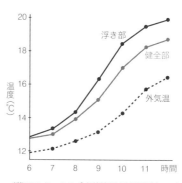

(㈱IRテクニカル「赤外線調査技術資料」p.2)

図29　浮き（剥離）部と健全部の温度変化

(2) このとき外壁に浮き部があれば、その隙間に生じる空気層が熱移動を遮るため、健全部より浮き（剥離）部の方で熱伝導率が低下し、表面温度の変化が大きく高温になり、図27のように各部分に熱エネルギーの変化を示します。

(3) この特性を生かし、赤外線カメラにより表面温度を画像として捉え検知します。図28に浮きが生じて外壁タイルがせり上がった状況、図29に浮き（剥離）部と健全部の温度変化を示します。

(4) これより、壁面の表面温度は、その面の断面形状と材料の比熱および熱伝導率等の熱特性の違いにより、浮き（剥離）部の空気層が熱移動を遮ることで高温になります。

(5) 雨や風の強い日で5m/s以上、及び日照不足の場合の測定を避けます。

(6) 日中温度5℃以下の場合及び壁面が湿潤状態では測定できません。

(7) 撮影対象は、仰角および振り角30度以内および撮影上下面 ±45度以内に収めます。

(8) 撮影は、正対する位置から5〜150m離れて（レンズの使用も可能）行います。

☑Point 5　換算浮き率は、浮き面積を調査面積で除して算出する

(1) 調査対象部の浮き面積と浮き率は、区画ごとの浮き部分の面積を合計して算出します。浮き率（％）は、浮き面積を調査対象ごとの調査面積で除して算出します。

浮き率（％）＝ 浮き面積／調査対象面積 × 100（％）

(2) 表12に日本建築防災協会「特殊建築物等定期調査業務基準」および国土交通省「建築改修工事監理指針」の判定基準に加えて、過去の診断業務による損傷の程度を考慮し、健全部に応じて「換算浮き率」を算出して外壁診断業務で使用する判定基準を示します。

表 12　経験的な損傷状況から見た換算浮き率（%）

判定区分	判定基準	換算浮き率（%）	特殊建築物等定期調査判定
A	劣化が無くあるいは少なく、現時点では特に対策の必要がない	0.1 未満	指摘なし
B	供用にすぐに影響しない程度の劣化が見られ、将来的に影響が出る可能性があり、軽度の補修を行うことが望ましい	0.1 以上 1.00 未満	要是正
C	ただちに影響しない程度の劣化であるが、近い将来劣化の影響が出る可能性が大きく、補修の必要がある	1.00 以上 5.00 未満	
D	劣化により早期に支障をきたす可能性があり、補修の必要がある（制限について管理者と協議を行う）	5.00 以上 9.00 未満	
E	部材の健全度が著しく損なわれ、安全な使用に支障をきたす恐れがあり、緊急に補修の必要がある（緊急処置）	9.00 以上	

第4章

雨漏り編

1 雨漏りの発生しやすい部位

「防水」とは、不透水性材料の連続面を形成することにより、水を透過させないことです。防水機能を果たすためには、防水材料の連続性を確保することが重要です。この防水層の連続性を形成することにより、防水性能を維持する防水を"メンブレン防水"と呼び、「面の防水」となります。

その他には、目地等の隙間を埋める充填材となるシーリング防水などがあります。これは「線の防水」となります。

防水に関しては、現場の施工管理が品質を左右します。接着性を確保するためのプライマーの使用の有無やその乾燥時間も影響します。接着機構としては、目地底を含めて「3面接着にするのか」、目地底とは縁を切る「2面接着にするのか」も重要です。建物の構造体によって、選択が変わります。さらに、耐用年数が比較的短く、定期的かつ継続的なメンテナンスが10～15年ごとに必要となります。

「雨仕舞い」とは、漏水防止という観点だけでなく、雨水を掛かりにくくする工夫や、雨水の流れを考えた汚れ対策、濡れに起因する劣化の低減などを含んだ幅広い概念です。基本となるのは、雨水の流れを抑制することですが、建物にできる部材間の隙間の形態や寸法を利用し、雨水の影響を受け流すという考え方です。

☑Point

1 雨漏りの発生しやすい部位は穴をあける部位と取合い部

2 軒の出無し、外壁通気層無し、陸屋根は「悪魔の3仕様」

3 雨漏り発生条件は雨量、風の向き、風の強さ、継続時間

☑Point 1　雨漏りの発生しやすいのは穴を開ける部位と取合い部

　建築物の雨漏りの発生しやすい部位は、図1のように、屋根面や壁面の中で、穴をあける部位や取合い部に集中しています。穴とは、壁のサッシ・換気孔などの取付け部です。取合い部とは、壁とバルコニー手摺、屋根と壁、部材の端部などをいいます。これらの部位の納まりが雨漏りに大きく影響します。

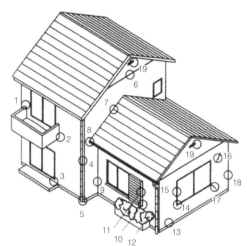

1. 2階バルコニー手すり取付け部
2. 2階バルコニー取付け部
3. テラスと基礎の取合い部
4. 縦樋の取付け金物埋込み部
5. 縦樋の下部
6. 梁型等の見切り部
7. 屋根と壁の取合い部
8. 軒と壁の取合い部
9. 入隅部分
10. 戸袋の取付け部
11. 戸袋と壁の取合い部
12. 壁に接した植栽で花壇のある部分
13. 壁の下部と基礎の取合い部
14. 開口部の水切り端部
15. 開口部縦枠周辺部
16. 外壁の亀裂部分
17. 開口部周辺の亀裂部分
18. 出隅部分
19. 換気孔

図1　雨漏りしやすい部位 (雨漏り診断士協会)

　驚くべきことに、保険事故の93.3％が雨漏りに支払われています。それも外壁関連からが圧倒的に多く、雨漏り以外では6.7％です。

（1）木造建築物の場合

　雨漏りといえば、屋根やベランダなど雨水を直接受ける「水平面」からが多いというイメージが根強く残っています。しかし、近年では、サッシ廻りを中心とした壁面や開口部などの「垂直面」が雨水浸入位置となる場合が増加しています。

　垂直面からの雨水浸入事例が多い主な理由として、近年の建物は、基本的に軒の出が少ない傾向にあり、その結果として垂直面への雨がかりが増

加していることに起因すると考えられます。特に、サッシ廻りからの浸入が圧倒的に多いです。このことは、図1の木造建築物の雨水浸入位置からも明らかです。

(2) 鉄筋コンクリート造の場合

鉄筋コンクリート造の建物で、木造・鉄骨造と比較して雨漏りの発生しやすい部位は「水平面」です。「水平面」を雨水浸入位置とする事例は「垂直面」を上回っています。

「水平面」では、屋上・ベランダ防水からの雨漏りが抜きん出て多くなっています。ただし、屋上及びベランダからの雨漏りが多いとはいえ、実際には防水自体の不具合よりも、防水とドレンの取合いや、防水立ち上がりとサッシ下端の取合いなど、他の部材との取合い部分が雨水浸入位置となる場合が多いと考えられます。

(3) 鉄骨造の場合

鉄骨造の建物で、雨漏りの発生しやすい部位については、木造建物と同様に「垂直面」が「水平面」より多い傾向を示しています。その中で垂直面である壁面や開口部廻りが雨水浸入位置となっている割合は散水調査資料で63.5%となっています。「垂直面」の部位は、鉄骨造の外壁材に多用されている「ALC版目地」、「ALC版ひび割れ」の事例が上位を占めており、続いて「サッシ廻り」となっています。

鉄骨造におけるALC版の外壁面は、部材（外壁材やサッシ等）間の止水を、ほぼ100%シーリング材に依存していることに加え、ALC版自体の吸水性が高いことが大きな要因であると考えられます。

☑**Point 2**　軒の出無し、外壁通気層無し、陸屋根は「悪魔の３仕様」

次に雨漏り発生確率の高い「悪魔の３仕様」と呼ばれる部位の注意点を示します。

(1) **軒の出無し**（軒の出ありに比べ雨漏り発生５倍）

建物に軒の出が充分にある場合は、屋根業者自身が勝手に施工し、外壁

業者自身が勝手に施工しても問題はありません。それぞれの業者が独立しているからです。ところが軒の出がない場合には、屋根と外壁の取り合いという問題が発生します。取り合い部をどのように納めるかの配慮が必要です。例えば、捨て防水シートを事前に軒先に設置しておいて、屋根業者は下葺き材（アスファルトルーフィング等）を捨て防水シートの上に施工し、外壁業者は下葺き材（透湿防水シート等）を、捨て防水シートをめくり上げて下から差し込みます。水下側を先張りし、その後に重ねて水上側を施工すると水が流れます。逆に張ると水が浸入します。考え方は"防水ラインの連続性確保"になります。

(2) 外壁通気層無し（通気層ありに比べ雨漏り発生5倍）

外壁材の継ぎ目に生じる隙間から雨水が若干浸入する場合があります。その場合は、浸入する水を適切に排出できれば問題はありません。浸入する雨水には排出口が必要となります。建築では、雨水の浸入が一切ないように施工することは難しいのです。外壁下葺き材の外側の外壁通気層には、雨水が若干流れていることになりますが、これだけでは雨漏りではありません。下葺き材の内側に雨水が浸入すると雨漏りになりますので、速やかに排水することが重要です。考え方は"排水機能確保"になります。

(3) 陸屋根（緩勾配）（適正勾配屋根に比べ雨漏り発生5倍）

屋根には適正な勾配がないと、雨水の流れが悪くなり、屋根材料によっては毛細管現象もあり、水の流れが阻害され雨水が滞留することになります。水は重力の法則により、高い方から低い方に流れます。建物において水が滞留すると必ず不具合が発生します。考え方は"雨水を滞留させない"ことです。ただ、勾配を急にすれば良いとは限りません。屋根材料により適正な勾配が設定されています。また、6寸勾配（水平10に対し垂直6）以上になると、安全上、屋根に足場が必要となり、コストに影響します。

これらの「悪魔の3仕様」が重なれば、概数ですが $5×5×5 = 125$ 倍の雨漏り発生確率となります。運が悪くて雨漏りするわけではありません。施工上に何らかの原因があるからこそ雨漏りするわけです。雨漏りは新築

時の下葺き材の施工で、適正材料を使用し、適正施工をすれば、発生しません。新築時ならいかなる対応も可能です。しかし雨漏りした建物は、雨水の浸入口の特定も難しく、補修工事も簡単ではありません。

その他に、内樋（雨樋を見せずに建築化する）、木製サッシの使用、トップライト、R（平面ではなく丸面）デザイン、設計事務所によるデザイン重視で雨仕舞いを考慮しない設計などもリスクがあります。これらは、雨漏りの可能性が高まりますので、施工に配慮が必要となります。

☑**Point 3** 　雨漏り発生条件は雨量、風の向き、風の強さ、継続時間

一般に、雨漏りは、次の4つの条件の組み合わせにより発生します。これらの条件を厳しく設定すれば雨漏は発生します。

雨量

風の向き

風の強さ

継続時間

通常は、雨は上から下へ降りますが、風の影響が大きく、横から、場合によっては下から上に向かって舞い上がる場合もあります。雨は下から上に向かって降る場合もあるということです。雨漏りは風による影響が非常に大きく、台風時などは、最悪の条件となり、雨漏りが発生しやすいのです。

2 屋根下葺き材のチェックポイント

☑Point

1 使用材料はアスファルトルーフィング・ゴムアスになっているか

2 水下側の上に水上側を施工しているか

3 流れ方向重なり100mm以上、横方向重なり100mm以上になっているか

4 下葺き材の不具合はないか

5 棟・谷の納まりは適正か

6 外壁取合いの納まりは適正か

7 トップライトの納まり（3面交点）は適正か

☑**Point 1** 　使用材料はアスファルトルーフィング・ゴムアスになっているか

　アスファルトルーフィング、ゴムアスルーフィングなどの屋根の下葺き材である防水紙は、アスファルト系です。「アスファルトルーフィング940」の採用が一般的です。数字の「940」とは、材料1m²当たり940g以上という意味です。雨漏りに対する長期保証の観点から、さらにグレードを上げた、改質アスファルトルーフィング（通称：ゴムアスルーフィング）を使用する場合もあります。改質とは、材料の品質を上げるために、ゴム・樹脂などを添加して耐久性を向上しています。いずれにしろ、簡単に取り換えることはできないため、材料の選択は重要です。建築では必ず経年劣化を伴いますが、なるべく経年劣化しにくい耐用年数の永い材料を使用すべきです。コストは高くなりますが、価値は充分にあります。

☑**Point 2** 水下側の上に水上側を施工しているか

　防水シートの施工順としては、水下側の上に水上側を施工しているかが
重要です。雨水は、水下と水上を逆にすれば即浸入します。雨水は、適正
に流れて排出できることが重要です。水の流れに逆らって張る場合、重な
り幅を余分に確保しても原則不可で、水が浸入することになります。雨漏
りの可能性の高い、棟・隅棟・谷・本体〜下屋取合いなどは、要所に張る
順番を考えた増張り施工を行い、弱い部位を補強します。

☑**Point 3** 流れ方向重なり100mm以上、横方向重なり100mm以上にな
っているか

　長手及び幅方向の重なりは、100mm以上が基準であり前提条件となりま
す。施工会社は、更なる安全性を考慮して独自設定で100〜200mmとする
場合が多いです。

☑**Point 4** 下葺き材の不具合はないか

　下葺き材が破れた場合には、放置することなく増張り補強が必要です。
隙間・たるみ・シワも「毛細管現象」により即雨水浸入します。施工にお
いては、毛細管現象を考えた丁寧な施工が必要です。伸縮性のある適正材
料の準備が必要です。

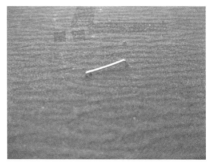

図2　伸縮性のない防水テープ　　　　図3　タッカー釘の浮き

図2は伸縮性のある防水テープではないので、適正材料を使用していません。現場ではシワができたときに、やり直さず押さえつけて、そのまま続行する可能性も高いです。タッカーの浮き（図3）があっても雨漏りにつながります。

☑Point 5　棟・谷の納まりは適正か

屋根・外壁で、平らな面で何も取合いのない部位は雨漏りしませんが、取合い部に問題が発生します。棟は下葺き材の補強として、2重に増し張りを追加します。谷は予め増し張り施工してから本来の施工にします。雨水浸入の可能性の高い部位には、適正な増張り補強が必要です。

☑Point 6　外壁取合いの納まりは適正か

下屋軒先と本体外壁が取り合う部位は、雨漏りの可能性の高い部位として有名です。屋根下葺き材を立ち上げておいて、その後に外壁下葺き材を重ねる必要があります。パラペットやケラバの取合い部位は、重なりを100mm以上確保すると、防水ラインが連続することになります。

☑Point 7　トップライトの納まり（3面交点）は適正か

トップライトは、屋根に穴をあけることになります。トップライトの立ち上がり部4か所のコーナー部は「3面交点」が形成されます。3面交点とは、文字通り3つの面が交わるところ、つまり、トップライトのコーナー部は、立ち上がりが直角に2面と野地板面の3つの面になります。

3面交点の施工には、適正な材料の段取りが重要です。それには、樹脂製の役物であるウェザータイトやストレッチガードと呼ばれる伸縮性のある防水シートが必要です。3つの面が交わるところは、1枚の防水シートでは適正に施工できません。切れ目が生じます。

トップライト・煙突・パラペットなどの取り合いがある場合には、弱点になりますので、適材適所の材料（樹脂製役物・伸縮性のある防水シート

など）で補強しなければなりません。このようなことは、屋根の棟に設置する換気トップや煙突も同様です。取合いが発生するところは、雨漏り対策の配慮が必要となります。

　図4はトップライトですが、コーナー部に木部が見えています。つまり防水としては下葺き材の立ち上がり不足による不具合となります。

　図5はトップライトの3面交点になりますが、伸縮性のある材料が使用されずに、通常の屋根下葺き材のみで施工されています。

図4　トップライトの3面交点に木部が見える　図5　3面交点ぐ伸縮性のない下葺き材使用

3 外壁下葺き材のチェックポイント

☑Point

1 通気層のない場合はアスファルトフェルト、ある場合は透湿防水シートを使用しているか

2 水下側の上に水上側を施工しているか

3 流れ方向重なり100mm以上、横方向重なり100mm以上になっているか

4 下葺き材の不具合はないか

5 軒天取合い納めは適正か

6 外壁出入隅部の重なり納めは適正か

7 3面交点の納めは適正か

☑**Point 1** 通気層のない場合はアスファルトフェルト、ある場合は透湿防水シートを使用しているか

　透湿防水シート・アスファルトフェルトなどの外壁下葺き材である防水紙には、アスファルト系防水紙と透湿防水紙があります。その使い分けは、それぞれ透湿性・釘穴シール性などを総合判断した上で行います。外壁がサイディング仕様の場合には、通気工法をとり、透湿防水シートを使用することが標準施工です。昔は通気層をとらなかった時期もありますが、通気工法の採用は、サイディング業界の英断だと思います。通気工法は、直張り工法に比較してコストはかかりますが、日本の建物の耐久性向上に大いに貢献していることになります。通気工法は、浸入した雨水の排出口として機能します。

　外壁が左官仕様の場合には、通気工法とする場合に透湿防水シート、通気工法としない場合に釘穴シール性を考えて、アスファルトフェルト430

を使用しています。左官仕様の場合には、通気工法になっていない場合が多いのが現状です。「430」とは材料 1m² 当たり 430g 以上という意味です。下葺き材の選定・施工は、雨水の浸入防止の上で大切なことです。

☑Point 2　水下側の上に水上側を施工しているか

　水下側の上に水上側を施工しているかが重要です。逆にすれば雨水は即浸入します。例え部分的にしろ、水の流れに逆って張る場合は不可です。現場作業員による施工のバラツキがある場合があります。

☑Point 3　流れ方向重なり 100mm 以上、横方向重なり 100mm 以上になっているか

　外壁下葺き材は、屋根と同様に長手及び幅方向の重なり 100mm 以上が条件です。横方向の重なりは 100mm 以上で、100 ～ 200mm など施工会社が指定します。材料選定・施工は、雨漏りの可能性の高い、サッシ下端周りの捨て防水紙、防水テープにも配慮します。バルコニー笠木部分などの取合い部は、「3面交点」となるため、伸縮性のある防水シートや樹脂製の防水材を適材適所に使用します。伸縮性のない通常の防水テープだけでは、対処できない部位となります。事前に材料が段取りされているかが生命線です。施工者任せ・職人任せにしてはいけないところです。

☑Point 4　下葺き材の不具合はないか

　下葺き材が破れた場合・隙間のある場合には、弱点になるので補強処置が必要です。下葺き材にたるみ・シワ、タッカー浮きは不可です。

　図6は下葺き材である透湿防水シートの固定用タッカー浮きです。透湿防水シートの外側には水が流れていることになり、タッカーから浸入しやすくなります。図7は下葺き材のわずかな損傷ですが、現場では通常に発生します。

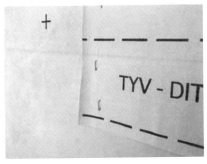
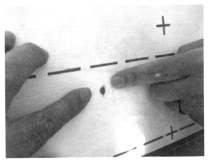

図6　外壁下葺き材のタッカーの浮き　　　図7　外壁下葺き材の破れ

　図8はサッシ枠周りの防水テープを施工せずに、透湿防水シートを施工
しています。工事の順番が変わる場合には、後から面倒くさい作業をしな
ければならず、誰が責任をもって確認してくれるのか曖昧になります。図
9は透湿防水シートのシワです。毛細管現象により雨水が下から上に向か
って流れる可能性があります。
　工事進行を急ぐあまり、対処せずに次の工程に進む可能性もあります。
工事が進行すると隠れてしまいます。後からでは検査できません。2次防
水である下葺き材の施工は、雨漏りでは生命線になる重要なものですが、
疎かにされがちです。そもそも2次防水に適正な材料を使用し、適正な施
工をすれば雨漏り現象は発生しません。

図8　防水テープ未施工で下葺き材施工　　　図9　シワ多数、防水テープ不良

☑**Point 5**　軒天取合い納めは適正か

　軒天取合いの納めとしては、透湿防水シートを軒天の上まで先張りする
などの防水ラインの連続性が必要です。途中で切れて隙間ができた場合に
は、雨水浸入になります。一般には、下屋軒先と本体取り合いも雨漏りし
やすい部位です。この場合は、事前に下葺き材を捨て張りし、屋根屋は上
からかぶせ、外壁屋は捨て張りをめくり上げて下から差し込むと、下葺き
材の防水ラインが連続します。

　図10（2枚）は本体〜下屋取合いに、事前に捨て防水紙を施工していま
す。雨漏りの可能性の高い部位を増張り補強しています。

図10　下屋軒先と本体取り合いの下葺き材を事前に捨て張り施工

　図11は軒天よりも高い位置まで下葺き材を施工しています。
　図12は軒天の高さで下葺き材の施工をとめています。

図11　軒天より上に外壁下葺き材施工　　図12　軒天の位置まで外壁下葺き材施工

軒天材料の端部と下葺き材の端部が同じ位置ならば、雨水浸入の可能性は高まります。軒天施工前に事前に下葺き材を施工する配慮が必要です。

　図13は軒天施工前に下葺き材を立ち上げています。図14は下葺き材施工後に外壁サイディングを施工してから軒天を施工しています。外壁先行軒天後施工で雨漏りに関して安全性が高い納まりです。雨漏り対策に配慮した施工といえます。軒天先行外壁後施工では、外壁通気層の上部の通気が遮断されている可能性もあります。

図13　軒天よりも上部に下葺き材施工

図14　外壁先行軒天後工法

☑Point 6　外壁出入隅部の重なり納めは適正か

　出入隅部位は防水シートが施工しにくく、下葺き材の重なり寸法が適正に確保されにくい部位になります。特に入隅部にサッシがある場合には、サッシ枠周りの防水テープと透湿防水シートの一体化がされにくくなり、雨漏りリスクが倍増します。

　図15のように、サッシ入隅部へ散水すると、雨水浸入口であるという証明ができる場合が多いです。

図15　サッシ入隅部へ散水

☑Point 7　3面交点の納めは適正か

　3面交点の納めの場合は、透湿防水シートを樹脂製役物（ウェザータイト）施工前に実施してはなりません。施工は順番を守って全てを完了してから、次の工程に進みたいものです。「工程内検査」の実施といわれています。ここが重要な点です。

　図16はウェザータイトが施工されており適正です。図17は伸縮性のない通常の防水テープを無理に施工しており、コーナー部はカットされた状態で適正な防水ができていません。

図16　ウェザータイト施工済み

図17　伸縮しない防水テープを施工

　図18（2枚）・図19は、ウェザータイトなどの役物を使用せずに、透湿防水シートのみで無理に施工しようとしています。

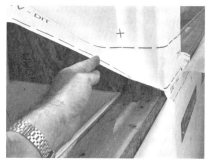

図18　ウェザータイトなしで下葺き材の先行施工は不可

図20はバルコニー手摺の3面交点に役物を使用しているものの、破断しており防水できていません。

図19　ウェザータイトなし施工　　　　図20　3面交点の穴あき施工

図21（2枚）は、バルコニー手摺の3面交点部に対策を取らずに施工したために発生した雨漏り被害です。新築時に配慮されれば防げたはずですが、後からの補修は時間・金・信用など大変な損失になります。

図21　3面交点対策をとらずに施工した雨漏り被害

伸縮性のある防水テープ

　この種の材料には、「ストレッチガード」と呼ばれる伸縮性のある防水テープがあります。極めて便利なもので、適正な部位に使用すると効果的です。いずれにしろ、雨漏りは、下葺き材の施工が完璧であれば発生しません。図22（2枚）は、伸縮性のある防水テープであり粘着性もあります。

3面交点対策などに使用します。そもそも材料の段取りがされていなけれ
ば、施工する職人は、通常の伸縮性のない防水テープで無理に施工するこ
とになります。施工者側の打合せが充分になされていない可能性が高いと
いえます。

図22　伸縮性のある防水テープを後から増張り施工

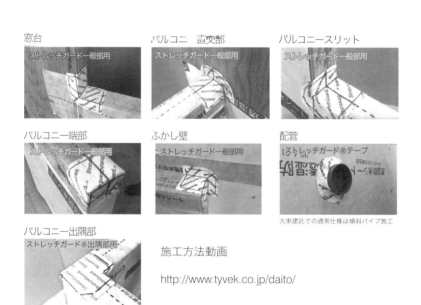

施工方法動画

http://www.tyvek.co.jp/daito/

図23　重要部位施工一覧 (資料提供：旭・デュポンフラッシュスパンプロダクツ)

通常は、新築時に施工した後、30年間は目視できない材料が下葺き材ということになります。雨漏りは下葺き材の材料と施工の良否が生命線になります。雨漏りするまでは、はがして目視できないわけです。そのような部位に使用する材料と施工は、新築時点で充分に配慮されてしかるべきです。2次防水としての下葺き材の材料と施工に配慮が不足するからこそ、雨漏りが発生することになります。2次防水である下葺き材の施工に対し、無理なコスト縮減や工期短縮を求めてはいけません。外部から見えない部位ということで、現場では施工を急がされがちになる傾向があります。丁寧な施工がされにくいことになります。コスト縮減のターゲットになりやすい部位ともいえます。

4 通気層のチェックポイント

☑Point

1 屋根材の下に屋根通気層があるか

2 外壁材の下に外壁通気層があるか

☑Point 1　屋根材の下に屋根通気層があるか

　図24のように屋根に通気層を設けることは、若干浸入する雨水や結露水の排水経路が確保されたことになり、建物の耐久性が大幅に向上することになります。しかし、屋根材では通気層を特別に設けない場合が主流です。瓦材の場合には通気することになります。

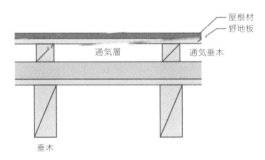

図24　屋根通気層の例 (城東テクノ㈱「小屋裏換気ナビ」より)

　図25は、瓦材直下の隙間が屋根通気層になる場合です。屋根の上部(棟近く)で散水して10分後に、屋根の下部(軒先近く)の瓦をめくると、下葺き材の上に水が流れています(図26)。つまり2次防水である下葺き材(アスファルトルーフィングなど)の上には、水が流れている状態であることを示しています。瓦の下に水が容易に浸入することを示しています。このことは、下葺き材の施工に丁寧さが求められることを示しています。下葺き材の上を流れる水を確実に排出させなければなりません。

1次防水である屋根材は、単純に重ねて設置することが多いために、2次防水が必要となります。2次防水である下葺き材として、適正な材料を使用して、適正な施工を実施すれば、雨漏りは発生しません。

図25　上方の平板瓦に散水

図26　下方位置で瓦をめくりあげた状態

　屋根瓦の重なり部から2次防水の上部に、雨水が浸入します。浸入した雨水を、2次防水の上から適正に排出できれば雨漏りではありません。2次防水の下に浸入する雨水があれば雨漏りになります。雨水を適正に排出できることが前提条件となります。

　雨仕舞いの原則は、1次防水によってほとんどの雨水を遮断し、若干浸入する雨水を2次防水で完全遮断することです。2次防水で遮断できない場合は、雨漏り現象となります。したがって、雨漏りの遮断には、2次防水の役割が極めて重要となります。

万一、2次防水で不備な施工をしたときは、雨水が少しの雨漏りではなく、じゃじゃ漏れ状態になります。このような現象は、2次防水の重要性を理解していないことが問題です。

　雨漏りは、下葺き材の材料と施工が完璧であれば、発生しないこ

図27　屋根瓦桟の換気欠き込み

とになりますが、経年劣化による腐り・穴あき・重なり不良などの弱点が
あれば実害が高まります。

　屋根の瓦桟は、下葺き材の上に雨水が流れる以上、排水を考えて、通気
のある（欠き込み）瓦桟（図27）を採用すべきです。通気・水の流れにく
い部材で施工される場合が多いのが現状です。

☑Point 2　外壁材の下に外壁通気層があるか

　外壁に通気層を設けることで、浸入する雨水や結露水の排水経路になり
建物の耐久性が大幅に向上することになります（図24）。外壁にサイディ
ング材を採用する場合は、標準で通気層を設けますが、左官材ではコスト
の関係で通気層を設けないことが主流です。

　屋根の下葺き材の上を水が流れていることを説明しましたが、同様に、
外壁の下葺き材の外側には水が流れていることになります。外壁材の下に
外壁通気層を確保するということは、浸入した雨水の排出経路になり、空
気の流れになります。その方法はサイディング材により、図28は縦胴縁
であり、図29は金具留めですから、空気は下から上に流れることにより耐
久性の確保になります。通気層の厚さは15mm以上です。

図28　サイディング縦胴縁　　　　図29　サイディング金具止め

　サイディング材により、横胴縁を使用する場合もありますが、この場合
は空気の流れに要注意です。上下方向に空気を通すための換気欠き込みが

必要となります。欠き込みは、2m ごとに 30mm 以上の隙間が必要です。

図 30　垂直方向通気が確保できる下地桟

図 31　通気できない横胴縁

　図 30 は、換気加工された材料が横胴縁として段取りされています。図 31 は換気加工されていない横胴縁が施工され、そのまま外壁サイディング (木製)が施工されています。外壁サイディング施工が完了すれば見えなくなります。横胴縁を使用する際には、換気欠き込み用の加工された材料か、現場加工する材料なのかを確認しなければなりません。

　建物の耐久性向上を目的として、外壁通気層内の空気が滞留するところをなくさなければなりません。特に空気は、サッシ下端の流れを確認すると、適正に流れずに滞留している場合も多いです。劣化は、滞留の範囲が小さくても空気が流れないと進行します。雨水の滞留は当然に不可ですが、空気の通気を阻害して滞留させることも不可です。

　図 32 は、木造軸組工法において、通柱 120mm 角、管柱 105mm 角を使用した外壁通気工法です。問題点は、通柱の部分のみ一部直張り工法になっています。この直張り工法は全外壁面積の中のうち、ほんのわずかな部位のみが通気できていないだけですが、かなり劣化しています。外壁の通気層は、極めて重要であることを証明しています。

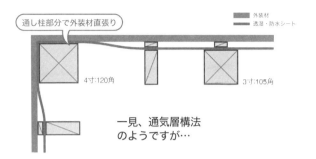

一見、通気層構法
のようですが…

⚠ 透湿防水シートの上に外装材直張りは**NG**です。

高温になった外装材の熱が直接シートへ伝わり劣化を促進させてしまいます。

図32　透湿防水シートの上に外装材直張りは NG
(資料提供：旭・デュポンフラッシュスパンプロダクツ)

　建築士会を通じて現場相談があり、雨漏り現場の検証に行きました。外壁は左官としてリシン吹付け仕上げですが、問題はその内側にありました。その方法は、面材である 12mm 合板に胴縁を入れた上に、透湿防水シートにラス張りするモルタル施工となっています。透湿防水シートの上に通気層を確保せずにラス張り直接モルタルという施工です。通気層がなく直接モルタルの場合には、アスファルトフェルトのような釘穴シール性のある材料が指定されています。通気層無し工法では、釘穴シール性の無い透湿防水シートは認められていません。通気層無し工法は、材料メーカーが使用禁止している仕様ですから、保険会社はこのような施工を認めていません。保険会社は雨漏りに対して保険金を支払いません。外壁通気層を確保しないというそもそもの設計に問題があります。施工者も疑問点とせずに設計通りに施工してしまったという結果です。

図33（2枚）は、外壁左官仕上げで外壁通気層がなく、土台水切りの上に排水口をあけておけばよいものを埋めてしまいました。

図33　外壁通気なし、下葺き材の外側の水が排出なし水切り上部シーリング埋め

　透湿防水シートのタッカー止めを貫通した水は、屋内に浸入しており、合板は濡れて、劣化が始まっています。モルタルは水を吸うために下葺き材である透湿防水シートまでは水が到達します。その場合には、排水できる空気層があれば排水可能ですが、なければ水は「毛細管現象」により、滞留することになります。建物において、排水機構がないことは致命的です。劣化は、時間の経過とともにどんどん進行することになります。

　さらに、土台水切りの上部には、隙間がなくシーリングで埋められており、排水できずに水が滞留して、カビ・藻・苔が発生しています。

　このように、現場では、排水口が確保されていない施工方法が散見されます。大量の水が浸入するわけではありませんが、排水口を確保することは、雨仕舞いの基本的なことです。

　図34の事例は、アルミサッシ枠の下端コーナーが問題です。現場ではよく見受けられます。それは、サッシの縦枠と下枠の取合い固定が緩かったのです。また、水位はパテで埋めて堤防をつくり、水を溜めてみるとすぐに低下し、一気に吸い込まれます。サッシの材料としての不具合ですが、サッシ組立の際の締め付けトルクが緩かったために、図35のように雨水は浸入してきました。

図34　下端コーナーに水を溜める　　　図35　直ちに水が浸出

　高松市にある㈱チバ建装という会社を紹介します。外壁業者ですが、過去に数千件にのぼる現場施工で、雨漏りを１件も起こしていないと豪語する社長です。さらに現在も将来も雨漏りは発生させないと自信をもって言い切ります。

　筆者らは、そのようなことが果たして可能なのかと思って、一体どのような施工をしているのかを見学させていただきました。防水工事は、建築主に依頼して、２次防水である外壁下葺き材の施工完了時点で、工事進行をストップしてもらい、大阪から数名の技術者を連れて全員で見学しました。

　確かに雨漏りする部位は、全く認められませんでした。雨漏りの可能性の高い全ての部位は、完全に対処されていました。３面交点など、雨漏りの可能性の高い全ての部位には、ウェザータイト・ストレッチガードと呼ばれる適材適所の材料を使用して完璧に施工されていました。２次防水がここまで施工されていれば、雨漏りするところはありません。この段階で水をかけても雨水が浸入しそうな部位はありません。同行の技術者は、施工担当の職人の高い技術力とやる気を感じました。

　図36（２枚）は一例ですが、雨漏りの可能性の高い部位にはすべて、このような補強増張りがされていました。

　雨漏りの完全防止は、適正な施工時間と適正なコストをかければできるものであると痛感しました。現場施工による２次防水は、後から見える部位ではないので、節約されがちなところがあります。現実の現場では、３

図36　3面交点にウェザータイト施工

日かかる仕事を2日で完成させろ、5万円の仕事を4万円でやれとかの声が聞こえてきそうです。

　適正な施工では、屋根・外壁の2次防水が完了した時点で、それぞれ検査を実施して、合格してから次の工程に進むべき「工程内検査」が必要となります。2次防水である下葺き材の検査に合格するまでは、1次防水である仕上げ材を施工してはいけません。2次防水の施工合格確認までの工程上のロスタイムが発生しても、長い居住期間のわずかの工期は問題とすべきではありません。最初から検査期間を含めた契約工期を設定しておけばよいのです。

　雨漏り対策としては、2次防水の適正な材料・施工が生命線になります。そのためには、新築時点ならばいかなる場合であっても対応可能です。雨漏り防止は、雨漏りしやすい部位をつくらないことをしなければなりません。そのことは、2次防水を完璧に施工すれば雨漏りが発生しないということになります。

5 サッシ・出窓まわりのチェックポイント

☑Point

1 サッシ取付け前にサッシ下端に捨て防水紙を事前施工しているか

2 サッシ下部コーナーの防水対策をしているか

3 サッシ枠廻り防水テープ 75mm 幅両面粘着押さえ付けは充分か

4 サッシ枠廻り防水テープの張る順・飛出し・浮き・シワ・段差を確認しているか

5 シャッターボックスの裏面処理をしているか

6 3面交点の部分には役物・伸縮性防水テープを施工しているか

7 輸入サッシなどでツバがない場合に防水テープを施工しているか

8 入隅部サッシのツバに防水テープを施工しているか

9 掃出しサッシ下端の納めは防水先行サッシ後施工になっているか

10 サッシ枠上部に水抜き穴（外壁通気層の排水）を施工しているか

外壁からの漏水は、屋根面からの漏水事故が減少しているのに対し、なかなか減少していないと言われ、構造も複雑なサッシからの雨漏りを防ぐことに全力を注がなくてはなりません。

☑**Point 1** サッシ取付け前にサッシ下端に捨て防水紙を事前施工しているか

　サッシ枠下部コーナーの防水不良対策としては、サッシ取付け前にサッシ下端に捨て防水紙を事前施工しておくと、万一の場合の雨水浸入対策になります。

☑Point 2　サッシ下部コーナーの防水対策をしているか

　サッシ枠下部コーナーの防水不良対策としては、サッシの縦枠と横枠を組み立てる際の締め付けが重要となります。現場では、締め付けトルクの確認が難しく、サッシ枠組立て工場での確認になります。運搬途中になるべくサッシ枠を斜めにしないようにします。現場での確認は難しいのが現実です。

☑Point 3　サッシ枠廻り防水テープ75mm幅両面粘着押さえ付けは充分か

　サッシ枠廻りの防水テープは、接着面積の点から50mm幅よりも75mm幅両面粘着（接触面積が多い）を使用し、充分に押さえつけて、サッシと下葺き材端部を密着させてから一体化します。完全に一体化していないと、雨水は容易に浸入しますので、一体化が重要です。防水テープの寸足らずは不可です。図37（2枚）はサッシ防水テープ施工の不具合です。

図37　サッシ防水テープの寸足らず

☑Point 4　サッシ枠廻り防水テープの張る順・飛出し・浮き・シワ・段差を確認しているか

　サッシ廻りの防水テープを張る順番は、「下部→両横→上部」の順番で施工し、横の防水テープが上部防水テープよりも飛び出したり、段差・浮き・シワがあってはなりません。雨水は、防水テープと下葺き材の接着が甘いと、毛細管現象により即浸入します。実験すると雨水の浸入の早いことは

わかります。図38は下葺き材のシワから毛細管現象による雨水の吸い上げの可能性があります。図39は防水テープの押さえが甘く、浮いています。雨水浸入の可能性が高まります。

図38　サッシ上部の透湿防水シートのシワ

図39　防水テープの浮き

☑**Point 5**　シャッターボックスの裏面処理をしているか

　サッシにシャッターが取り付く場合には、サッシ枠上部のシャッターボックスと本体の取合いが生じます。事前にシャッターボックス裏面にあたる部位の本体側に下葺き材を施工してから、その後にシャッターボックスを施工します。その後にシャッターボックス周囲に防水テープを施工します。

☑**Point 6**　3面交点の部分には役物・伸縮性防水テープを施工しているか

　「3面交点」となる部分には、適材適所の材料として、ストレッチガード・ウェザータイトなどを使用します。適正な材料の段取りがされていない場合には、現場で職人は、適正でなく適当に納めてしまいます。

　図40（2枚）は3面交点部に適正な施工が実施されています。

図40　3面交点にウェザータイト施工

☑**Point 7**　輸入サッシなどでツバがない場合に防水テープを施工してい
　　　　　　るか

　通常の国産サッシ枠には、ツバがあります。防水テープの幅の半分をツ
バに、残りの半分を本体にかけて施工します。ところが、輸入サッシなど
でツバがない場合には、防水テープの施工が難しくなります。サッシ枠に
防水テープ幅の半分を被せて施工するという丁寧さが必要です。

☑**Point 8**　入隅部サッシのツバに防水テープを施工しているか

　入隅部のサッシのツバは、壁が直行するために防水テープの施工が難し
いです。防水テープを丁寧に押さえつけます。両面防水テープと下葺き材
である透湿防水シートの完全一体化が目的です。

図41　入隅部サッシの防水施工が困難　　図42　防水シートとテープ一体化不足

図41は入隅部サッシの防水テープと透湿防水シートですが、確認すると一体化しています。図42は透湿防水シートをめくると簡単に剥がれます。押さえつけて完全に一体化したいものです。

☑Point 9　掃出しサッシ下端の納めは防水先行サッシ後施工になっているか

バルコニー掃出しサッシ下端の納めは、防水先行サッシ後施工か、サッシ先行防水後施工かが問題となります。雨仕舞いでは、順番からして防水工事を先行した後からサッシ施工になります。ただ、サッシを取り付ける際には、ビスでサッシを固定するために、せっかく施工した防水に穴をあけることになります。この場合は穴部にシール材充填が必要となります。

☑Point 10　サッシ枠上部の水抜き穴（外壁通気層の排水）を施工しているか

外壁通気工法の場合には、必ず水の排出口を確保します。最終排出口は、土台水切り上部に設ける隙間になります。土台まで到達しない途中の水を受けるサッシ枠上部には、水抜き穴を設置する必要があります。

サッシ枠上部の水抜き穴（外壁通気層の排水口）をシーリングで埋めてしまっては、外壁通気層の排水機構がなくなります。サッシ枠上部には水が滞留することになります。外壁通気層を設置する場合には、1間幅以上のサッシには水の排出口が必要です。外壁通気層がない場合も、下葺き材の外側には水が毛細管現象により滞留していることになり、やはり水の排出口を確保しておくべきと考えます。現実は水の排出口を確保していない場合が多く、現場では確認する必要があります。

図43（2枚）は、サッシ枠上部に設置した外壁通気層の水抜き穴です。ここは、図面による指示も難しく、現場任せ的になる場合も多いのです。逆にしっかりと施工している場合には、その施工者の施工水準は高いといえます。図44（2枚）は水抜き穴を設置せずに、外壁を仕上げた現場です。

多くの現場ではこのような納めになっています。見た目はスッキリしてきれいですが、外壁通気層に流れる水は壁内に滞留することになります。サッシ枠上部（シャッターボックス含む）に施工されたシーリング材に穴をあけると、滞留していた水が一気に噴き出す場合があります。

　建築において、水は排出するべきもので、滞留させてはいけません。必ず排出口を考えておかなければなりません。

図43　サッシ上部に設置した外壁通気層の水抜き穴（純正部品使用）

図44　サッシ上部に水抜き穴を設置せずにシーリングで塞いだ

6 配管まわりのチェックポイント

☑Point

1 貫通部の役物（ウェザータイトなど）を使用しているか
2 伸縮性のある防水テープ（ストレッチガード）を使用しているか

　木質系建物の場合には、換気レジスターを取り付けるということは、透湿防水シートなどの2次防水材に穴をあけることになり注意が必要です。換気は必要ですから、レジスターを無くすわけにはいきません。樹脂製役物・伸縮性のある防水テープのどちらかで対処します。

　鉄筋コンクリート造の建物に、レジスター及び開口部周りからの雨漏りは発生件数も多いです。主な原因は、レジスター周りの隙間の取り過ぎ、斫りの不備、レジスター周りのとろ詰めが不完全なことによります。建物が高い場合や風通しが強いときには、庇が1m以上あっても雨は下から吹き上がり雨漏りを生じることもあります。レジスター周りのチェックです。
①レジスターは、型枠建込時に木枠を取りつけてコンクリートに埋め込みます。図45に木枠の納まりを示します。

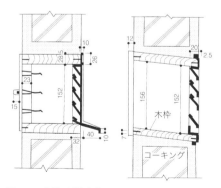

図45　木枠の納まり (協和製作所のカタログより)

206

②コンクリートは、木枠外寸法より20mm程大きな開口を設けて逃げも十分とれるようにします。

③レジスターを設置する開口部が大き過ぎ、開口部回りに「巣」が出来た場合あるいは開口部周辺を斫った場合には、開口部周辺に補強筋を挿入してコンクリートを充填します。

④激しい雨がかりの箇所には、外部仕上げの前に打継ぎ部にシールすることが重要です。

☑**Point 1**　貫通部に役物（ウェザータイトなど）を使用しているか

　貫通部の雨漏り対策としては、樹脂製役物（ウェザータイトなど）を段取りしておきます。材料の段取りがない場合は、職人が適当に納めることになり、適正な納まりにはなりにくいです。図46は、貫通部にウェザータイトが適正に施工されています。図47は、貫通部にウェザータイト・防水テープは施工されずに透湿防水シートのみで施工しています。このまま外壁サイディング材の施工に進行すると、不具合点は隠れてしまいます。

図46　配管周りのウェザータイト施工

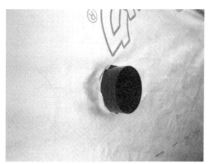
図47　配管周りの防水対策未施工

☑**Point 2**　伸縮性のある防水テープ（ストレッチガード）を使用しているか

　換気扇・レジスターの周りには、伸縮性ある防水テープ（ストレッチガ

ードなど）を使用します。伸縮性のない防水テープを切って張った場合は、隙間・段差が生じて毛細管現象による雨漏り発生の可能性が高まります。

　図48は配管周りに伸縮性のない通常の防水テープを施工しています。材料の段取りがなかったのでしょう。配管は丸く、うまく施工できませんので、隙間から雨水浸入の可能性が高まります。図49は配管周りにそもそも防水処理をしていません。住宅現場など、現場監督が常駐していない工事管理システムでは見逃されがちになります。このまま工事が進行して、仕上げ材の外壁サイディングが施工されてしまうと、外部からは全く不具合点は見えなくなります。現場監督が気付くかどうか、気付いたとしてもやり直しさせるかどうかは勇気が必要で微妙です。

図48　配管周りの伸縮しない防水テープ施工

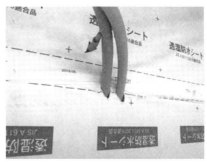

図49　防水対策未施工

7 シーリング材のチェックポイント

☑Point

1 シーリング寸法は幅 10mm・深さ 8mm 確保できているか

2 ワーキングジョイントは 2 面接着になっているか

3 ノンワーキングジョイントは 3 面接着になっているか

4 プライマー施工と乾燥時間の確保はしたか

5 2 面接着のバックアップ材とボンドブレーカー使用を確認したか

6 △シーリング・なすくりシーリングになっていないか

　シーリングとは、建築物の部材と部材の接合部の目地に充填し、硬化後両部材に接着して水密性・気密性を確保する材料を言います。

　シーリング材は便利な材料であり、多くの職種の多くの職人が愛する材料として現場では重宝されています。シーリングの施工が適切であれば、簡単に作業でき、雨水が一応止まる場合があります。ただし、止まったとしても仮止めになります。抜本的に補修はされていません。

　シーリングには経年劣化があり、一般に耐用年数は 10 年程度です。紫外線の量により、劣化にバラツキがあります。水平面は劣化が激しく、北面は劣化が圧倒的に少なくなります。ただし、これは適正にシーリングが施工された場合の話です。雨漏りを抜本的ではなく、シーリングだけで処理する場合は、入居者への充分な説明と、入居者が理解して納得することが必要です。シーリングは、時間経過により劣化して雨漏が再発することを承知で、取り敢えず採用する場合もあります。

　シーリングは 10 年ごとのメンテナンスが必要な材料であり、半永久的な耐久性があるわけではありません。メンテナンスフリーという意味にはなりません。

シーリング材は、水密性・気密性を維持して、次の要求条件を満足さなければなりません。

(1) 水密性、気密性：対象とする部材に対して充填し易く、かつ部材に十分接着し、防水機能を継続させることです。

(2) 目地挙動に対する追従性：温度変化による伸縮や地震時の水平変位などの目地挙動（ムーブメント）に追従し、防水機能を維持することです。

(3) 耐久性：太陽光、雨雪、オゾンや微生物の存在する自然環境条件下で変質・劣化が少ないことです。

(4) 意匠性：目地周辺の汚れやシーリング自身に汚れがなく外壁の美観を損ねないことです。

☑Point 1　シーリング寸法は幅10mm・深さ8mm確保できているか

シーリング施工箇所は、幅10mm確保・深さ8mm確保が条件です。理由は温度収縮・乾燥収縮・地震台風の横からの力など建物の動きに追随していくシーリング性能確保です。特に、目地の段差や目違い、幅の不揃いは、装填を難しくすると同時にムーブメント（挙動）が生じたとき応力集中が発生して切れることがあります。

☑Point 2　ワーキングジョイントは2面接着になっているか

木質系建物（木造軸組工法・2×4工法）・鉄骨系建物の場合はワーキングジョイントとして、建物の動きに追随するように、2面接着とします。建物は温度収縮・乾燥収縮・地震や台風といった横からの力、前面道路の車両通過による上下振動等があり、動きに追随する必要があります。バックアップ材・ボンドブレーカーを使用し目地底と縁を切り、シーリングと接触させません。目地の2面側面のみを接触させます。

☑Point 3　ノンワーキングジョイントは3面接着になっているか

鉄筋コンクリート建物の場合は、動きが少なく、ノンワーキングジョイ

ンとして、目地の2面側面以外に目地底も接着させ、3面接着にします。動きがなければ、水の浸入のみに配慮すればよく、3面接着が有利です。

☑Point 4　プライマー施工と乾燥時間の確認はしたか

　接着性をよくするためのプライマー施工ですが、プライマー施工後直ちにシーリングを施工することなく、乾燥時間が必要で、メーカー推奨値（例：30分以上6時間以内）を指触により状態確認します。プライマーの色は透明で確認しにくいです。

☑Point 5　2面接着のバックアップ材とボンドブレーカー使用を確認したか

　目地底とはボンドブレーカー・バックアップ材により縁を切り、目地の両側面だけを接着させます。バックアップ材は、20～30％圧縮した状態で装填できるものを選ぶようにします（丸形、角形のポリエチレン発泡体、合成ゴム製など）。シーリング材は、2液性の場合、特に正確に計量して専用の混錬機で空気泡を巻き込まないようにします。

☑Point 6　△シーリング・なすくりシーリングになっていないか

　△シーリング・なすくりシーリングという言葉ですが、スラングです。適正な幅・深さのない入隅コーナー部に施工するシーリングをいいます。シーリングはPoint 1の条件の幅・深さがあって初めて機能するものですが、そもそも不足しています。一般にはプライマーも施工することなく、その場しのぎで施工する仮止め的なものをいいます。

【補足】シーリング材の充填・劣化診断・メンテナンス

　シーリング材の充填作業の注意点は以下の通りです。

①シーリング材の装填順序は交差部より開始します。

②ヘラ押えは、シーリング材の可使時間内に行い小波・ダレの残らないよ

うに押します。

③装填は、温度が低い（5℃以下）ときや湿度の高い（85%以上）ときは控えます。

④降雨・降雪時には、作業を中止します。

シーリング材の劣化による判断指標は、シーリング材の防水機能、意匠・外観および破断・はく離・物性の調査項目によって変動します。表1にシーリング材の劣化判断の指標、図50～図52にシーリング材の接着破壊状況、図53（2枚）・図54・図55にシーリング材の経年劣化とチョーキング現象（白い粉がつく）を示します。

表1　シーリング材の劣化判断の指標

	調査項目	劣化状態
防水機能	①漏水または痕跡があるか	あり
	②被着体から剥離はあるか	深さの 1/2 以上または深さ 5mm 以上
	③シーリング材破断はあるか	深さの 1/2 以上または深さ 5mm 以上
	④被着体の破損はあるか	ひび割れ幅 0.3mm 以上」
	⑤シーリング材変形はあるか	凹凸が厚みの 1/2 以上、または深さ 5mm 以上
	⑥シーリング材軟化はあるか	指先に極めし多量に付着
意匠・外観	⑦しわはあるか	凹凸の深さ 1～2mm
	⑧変退色はあるか	変退色が極めて著しい
	⑨ひび割れはあるか	ひび割れ幅が 1～2mm
	⑩チョーキングはあるか	指先に粉末が極めて多量に付着する
	⑪仕上材浮き・変色はあるか	剥離や変色が見られる
破断・剥離・物性	シーリング材の凝集破壊はあるか	シーリング材の許容伸縮率よりも目地に発生する伸縮率の方が大きいときに発生する
	シーリング材の接着破壊はあるか	シーリング材施工時に使用するプライマーと被着体との相性がよくない時に発生する
	接着体破壊はあるか	シーリング材の凝集力が被着体の引張り強度を上回った時に被着体が破壊する

図50　凝集破壊　　　　図51　接着破壊（剥離）　　　図52　被着体の破壊

（（財）日本建築防災協会、RC系マンション健康診断技術者、講習テキスト、pp.89-99）

212

図 53　シーリング材の経年劣化

図 54　シーリング材の経年劣化　　　図 55　サイディングのチョーキング

　次に 10 年〜 15 年経過後のシーリング打ち換えのメンテナンスの方法ですが、

　①旧シーリングを全く撤去せずに、上から新シーリングを施工する。

　②旧シーリングを取れるところだけ取り、上から新シーリングを施工する。

　③旧シーリングが固くなっている場合は削り取り、ほぼ撤去してから新シーリングを施工する。

　基本的には③の方法が正解ですが、職人に聞き取ると、③の割合は 10％もないといわれています。旧シーリング材が硬化してしまうと、取れにくくなります。旧シーリング材を完全撤去するなら、「完全」とは、どの程度を許容するのか、納得する説明を受ける必要があります。厳しく設定するほどコストはかかります。

8 結露のチェックポイント

　雨漏りと結露は混同しがちですが、これらを見分けるポイントは、被害状況にあるとされています。

　①雨漏りは、壁や天井に雨水による染みができ、水滴が落ちています。

　②結露の場合は、壁クロスや天井材が黒ずんで浮き出てきます。雨漏りによる水の供給を原因として結露が発生する場合もあります。雨漏りではありませんが、同じ水の被害です。結露発生は住まい方にも影響されます。図56に結露およびカビの発生し易い領域を示します。

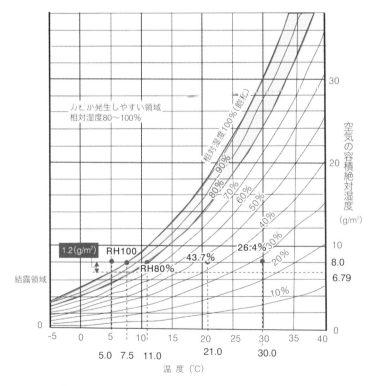

図56　結露およびカビの発生し易い領域 （アワーブレーン環境設計㈱の資料）

空気の温度と相対湿度及び絶対湿度の関係を示します。例えば、$1m^3$ 中に 8.0g の水蒸気量を有する空気（絶対湿度が $8.0g/m^3$ の空気）があるとして、外気の空気温度が 5.0℃に下がった場合は、$1m^3$ 中に 8.0g の水蒸気量を保有できなくなります。

結露は、温度 5.0℃ の縦軸と飽和相対湿度の交点にあたる絶対湿度 6.79 g/m^3 が水蒸気で残り、$8.0 - 6.79 = 1.21\ g/m^3$ が水になることを示しています。相対湿度は、空気の温度によって変動し、温度が上がれば低くなり、温度が下がれば上昇します。このことから、結露は、換気扇の運転制御によって、室内空気に含まれる水蒸気量を減少するシステムが有効なことがわかります。結露は、温度20℃で相対湿度50％のとき、室内の温度が9℃以下で発生すると予想されます。これより、次のような結露防止対策を施すことが重要です。

①室内の水蒸気を低減する：換気・除湿
②表面温度を上げる：断熱・暖房

☑Point

1 デッキプレートなどの鉄骨部材に断熱性を確保しているか
2 外気に面する部位にヒートブリッジは無いか
3 サッシ部材とガラス面の断熱性能はどうか
4 床・壁・天井の断熱気密性能はどうか
5 室内で湿気を発生する住まい方はしていないか
6 24h 換気対応はされているか

☑**Point 1**　デッキプレートなどの鉄骨部材に断熱性を確保しているか

室内・小屋裏空間・床下空間に鉄骨部材が見える場合に問題となります。鉄骨部材は温度を伝えやすく、空間との温度差により、結露が発生し、建物に被害を及ぼします。室内の結露なら入居者が気付きますが、壁体内で

は気付くことはありません。気付いた時にはかなりの損傷が発生していることになります。

☑**Point 2**　外気に面する部位にヒートブリッジは無いか

　外気に面する部位の構造材に鉄骨部材があると、「ヒートブリッジ」（熱橋）と呼ばれる現象が生じます。特に外壁北面は、日照の関係で温度が低く、生じやすい部位となります。柱材・間柱材が、結露によるカビや藻が発生して、型となって見える場合があります。

　図57（2枚）は、外壁に発生している結露跡の藻です。室内外の温度差や外壁の断熱性能の程度により、壁内の柱などの木部による断熱材の入らない部位は、断熱材のある部位と比較すると断熱性能は低下していますので、ヒートブリッジになり、結露が発生して藻が見られます。

図57　内部結露による断熱性能低下の結果外壁に発生する藻

☑**Point 3**　サッシ部材とガラス面の断熱性能はどうか

　外壁面には断熱材を挿入しますから、それなりの断熱性能が確保可能です。ところが相対的にアルミ製サッシ枠の断熱性能は低く、ガラスの断熱性能も低いです。単板ガラスではなくペアーガラスであっても、断熱性能は向上しますが、壁体内断熱材と比較すると圧倒的に劣ります。断熱性能の弱い部分から結露が発生していきます。

　図58は、トップライトのガラス面（ペアーガラス）に発生する結露水

です。図59は、普通のガラス面（ペアーガラスではなく単板ガラス）に発生する大量の結露水で垂れています。単板ガラス仕様は、結露には厳しいです。ペアーガラスの場合であっても、単板ガラスよりも条件は良いですが、厳しい温度差になるとやはり結露は発生します。

図58　トップライトガラス面の表面結露　　図59　窓サッシガラス面の表面結露

☑Point 4　床・壁・天井の断熱気密性能はどうか

例えば、断熱材の施工不良・隙間があると、室内の温度と異なる温度になる部位となります。厳しい条件になると結露が発生します。

☑Point 5　室内で湿気を発生する住まい方はしていないか

結露が発生しやすい住まい方として、洗濯物の部屋干し、観葉植物設置、水槽で魚の飼育、浴槽の蓋をせずに浴室ドアをあけておく、開放型の灯油ストーブの使用、換気扇をかけずに鍋物、換気扇を使用しない調理などがあります。新陳代謝の激しい子供と就寝すると、その部屋は結露しやすくなります。

☑Point 6　24h換気対応はされているか

住宅では24時間365日換気扇をかけ続けておくことになっています。しかし入居者によっては、換気扇の電気代節約を考える人もいます。スイッチを切る場合もあり、そのまま切りっ放しで忘れる場合もあります。換

気扇の電気代は安価ですが、高いか安いかの感じ方は人によります。換気扇をかけ続けないと湿気を滞留させてしまいます。そもそも24h換気は、揮発性有機化合物（VOC）判定基準の厚生労働省指針値を下回るように対策するものでしたが、結露対策にも有効です。

　図60（2枚）は、外壁に通気層をとる場合と、とらない場合による結露発生程度の差を示しています。

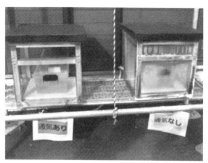

図60　通気の有無と結露の関係（㈱ハウゼコ加西工場にて筆者[玉水]撮影）

　図61（2枚）は、小屋裏換気のための換気トップです。換気をするために穴をあけることになりますが、雨漏りの可能性を高めるために、トレードオフの関係になります。しかし小屋裏の換気をやめるわけにはいきません。換気トップは雨漏りしにくい構造にはなっています。

図61　建物頂部の換気棟

図62は、雨漏りではなく、結露による木部の損傷です。結露水も建物耐久性に大きく影響を及ぼします。図63は必要なはずの小屋裏換気の設計がない建物です。結露被害を考えると、自然換気がとれない場合には強制換気の設置なども考慮する必要があります。

図62　結露による木部の被害

図63　小屋裏換気できない構造

　建物に生じる結露は、「表面結露」と「内部結露」に分けられます。室内の表面結露によるガラス面の雫は、水蒸気が水滴に変わって付着する現象で目に見える部位であり、気付きますが、内部結露の場合は見えないために気付きません。床下結露は、梅雨〜夏場の現象となります。床下が結露するということは、床下に外気が入ってくるということであり、一応の換気がされていることを示しています。結露は、床下の自然換気を幾分か良くしたからといって、解消が難しいです。その複合原因は、地域の風の通り具合や、土地そのものの地下水や湿気の状態などによると思われます。

9 雨水による床下の水たまり

入居者が床下物入れを使用するとき、点検口をあけて、水浸しになっていることに気付き、驚いて一気にクレーム化することがあります。

雨漏りではありませんが、水にまつわる被害です。雨降り後に地下水位が上昇して、基礎コンクリートの隙間から水が浸入することがあります。

☑Point

1 敷地の地質は粘性土質か

2 地下水位は高いか

3 基礎コンクリートのコールドジョイント対策はされているか

☑Point 1 　敷地の地質は粘性土質か

敷地の立地条件（近隣との高低差）や土質が大きく影響します。砂質土の場合はよいのですが、粘性土の場合は要注意です。

☑Point 2 　地下水位は高いか

地下水位が高い場合には発生する可能性があります。新築時に必ず実施される地耐力調査の資料で地下水位が記載されており、事前に想定できる場合もあります。

☑Point 3 　基礎コンクリートのコールドジョイント対策はされているか

ベースコンクリートと立ち上がりコンクリートは、同時に施工せず2度打ちになることが通常です。打継ぎ部分が「コールドジョイント」となり一体化していませんので、隙間から水が浸入する可能性があります。「止水板」が施工されていればよいのですが、通常の住宅では施工されていな

い場合が多いです。またジャンカなどのコンクリートの不具合からも水は浸入します。設備配管周りはコンクリートに穴をあけるため水が浸入します。

　床下への浸水は、基礎の外部側から防水施工せざるを得ません。特に過去の実情を検討して事前に対策することが必要ですが、事前対策は難しいことが実情です。

　図64（2枚）は、床下に水が溜まった状態です。入居者が異常を感じて、床板を剥がした状態です。カビの発生につながり、それがダニの発生になり、入居者の健康を害することになります。早い段階で発見できたとも言えます。気付かずに放置され続け、床下部材が腐りきってから発見される場合も多いです。

図64　床下の水溜り状況

　図65（2枚）は、建物外部の地下水位の状態を示しています。少し掘ると水がでてきます。水位が下がらず常時この状態です。

図65　建物外周部を掘削すると水が溜まっている

10 漏水と劣化現象

☑Point
給水・給湯・排水管の接続状況はよいか

　鉄筋コンクリート構造の共同住宅の漏水は、上階の給水・給湯・排水管不具合のときに発生します。その場合の原因は明確で直ちに対応するものの、下階の入居者にとっては大変に迷惑なことです。鉄筋コンクリートの場合は水を止めても、スラブの上に水が滞留し、長時間にわたって少しずつ流れ続けます。雨漏り・結露と異なり、常時水が出ている状態ですから、時間的変動がなく発見しやすいです。入居者による日常点検のハードルは高いですが、時々は床下点検口・天井点検口を開けて確認することを薦めます。また、点検口がない場合も多いですが、必要なものです。

　漏水があると、コンクリート部には「エフロレッセンス」（白華）と呼ばれる白い粉がつく現象が見られます。

$$Ca(OH)_2 + CO_2 \rightarrow CaCO_3 + H_2O$$

漏水という水の供給により、コンクリートのアルカリ性成分が炭酸ガスと反応し、炭酸カルシウムという中性の白い成分になります。コンクリートの中性化現象と同じ劣化現象です。

　ペーハー 12.5 と言われるアルカリ性であるコンクリートの中の鉄筋は錆びませんが、コンクリートが中性化すると中の鉄筋が発錆します。劣化現象ですから好ましいものではなく、建物の構造耐力にまで悪影響を及ぼします。白華現象が見られると、雨漏り・結露・漏水など、異常発生の可能性が高いことになります。

　天井が軽量鉄骨下地の場合には、鋼材にメッキ処理されているものの、水の供給により錆が発生します。

このような事象は、保険で対応する場合が多いですが、保険会社側の被害範囲などの査定の点で、争いに発展する場合も多いです。

　図66（2枚）は、コンクリート面に見られる漏水跡の白華現象です。図67（2枚）は、鉄骨面に見られる漏水跡の錆です。

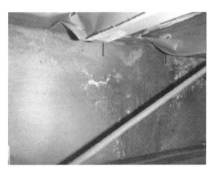

図66　上階の排水管接続不良による漏水で発生したコンクリートの白華

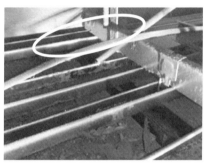

図67　上階の排水管接続不良による漏水で発生した天井下地材の軽量鉄骨部の錆

11 鉄骨造の雨漏り

　鉄骨造では天井点検口の必要性が高まります。鉄骨部材に耐火被覆が施工されていると、浸出状況が分かりにくくなります。

☑Point

1 サッシ周りの納まりはどうか

2 外壁 ALC・タイルのひび割れはないか

3 外部で 3 面交点となる部位の対策はしたか

4 取合い部（穴開け・接続部・端部）の納まりはどうか

☑Point 1　サッシ周りの納まりはどうか

　鉄骨・ALC といった構造躯体の中に窓サッシ枠を取り付けます。サッシ枠をはめ込むためには、開口部の大きさはサッシ枠よりも大きくなります。サッシ枠を取り付けた後で、隙間をモルタルで埋めることになります。防水上の弱点になり、サッシ枠周辺は雨漏りしやすい部位といえます。

☑Point 2　外壁 ALC・タイルのひび割れはないか

　水を使用する湿式系材料（モルタル左官など）は乾燥収縮によるひび割れが入ります。ALC・左官材料自体も吸水します。木質系建物と異なり、鉄鋼造の場合には、2 次防水がないために、ひび割れから雨漏りにつながる可能性があります。ALC の上にタイルを張ると、浸入した水が抜けずに、ALC が傷みます。

図 68　出窓上部タイルに散水→出窓サッシ枠に浸出

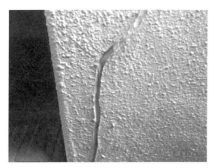

図 69　ALC 壁のひび割れ補修　　　　図 70　ALC の上のタイル張りの浮き

☑**Point 3**　外部で 3 面交点となる部位の対策はしたか

　建物外部からみて、梁と壁が取り合う部位を確認します。デザイン上、外部から化粧梁が見える場合があります。「3 面交点」が形成されるために、雨漏りリスクの高いデザインといえます。散水試験を実施すると、梁の取合い部は、ことごとく雨漏り現象が再現できました。

図 71　化粧梁に散水　→　サッシ枠から浸出

図 72　化粧梁に散水　→　サーモグラフィーカメラに反応

梁が化粧になって露出しています。散水すると「やはり」浸出しました。

図 73　化粧 H 型梁に散水　→　サッシ枠から浸出

☑**Point 4**　取合い部（穴開け・接続部・端部）の納まりはどうか

　例えば、化粧梁天端の笠木板金と直行する笠木板金の取り合いです。雨水は外壁タイルの内側に浸入しています。剥がしたタイルの下端から水が滴り落ちます。外壁タイルの裏面には水が浸入していることになります。

　外観を見ると、穴を開ける部位・接続する部位・端部など各種取合いは多くあります。取合いは雨漏りリスクが高まります。

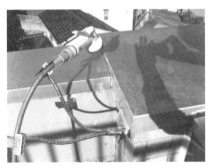

図 74　化粧梁天端笠木板金に散水　→　壁タイル内側から浸出

図 75　庇スラブ端部に散水　→　扉枠から浸出

12 鉄筋コンクリート造の雨漏り

　鉄筋コンクリート造の建物の場合には、木造・鉄骨造と比較して、散水試験に時間が必要となります。水が浸入して、コンクリートスラブ上部に滞留した水が浸出せずに、相当時間経過後にコンクリートの弱点である、ジャンカ・豆板などと呼ばれる部位から少しずつ滲み出てきます。中には散水4時間経過後に浸出という場合もあります。

　散水試験の実施者は、そこまで待ち切れずに、浸出しないと判断し、他の部位の散水に着手します。浸入口の特定がしにくい構造になります。天井点検口も必要性が高まります。1日で何ヶ所も散水できないために、散水試験を実施する際には、他の構造と異なり、"時間"が必要となります。

☑Point

1 サッシ周りの納まりはどうか

2 水切り部材の納まりはどうか

3 コンクリートの不具合（ひび割れ、コールドジョイント）はあるか

4 取合い部（穴開け・接続部・端部）の納まりはどうか

5 防水の状況はどうか

☑Point 1　　サッシ周りの納まりはどうか

　サッシ枠のサイズに合わせて＋余裕寸法をみて、コンクリート躯体を施工します。モルタル充填スペースとして、開口部上部・左右は45mm程度、下部は75mm程度の隙間を設けます。躯体付けアンカーとサッシ枠を取り付けた後はモルタル充填で隙間を埋めます。サッシ枠周りは一体ではなく、モルタル充填のために、微細な継手となり、雨漏りしやすい部位といえます。

☑Point 2　水切り部材の納まりはどうか

　サッシ下枠に取りつく水切りですが、水切り端部の状況と水が切れるだけの外壁からの出寸法が確保されているかです。デザイン上は出が少ないほど恰好良いですが、水が切れなければ意味がありません。水が切れずに外壁を伝う場合には壁面に汚れが垂れてきます。窓枠端部に雨跡が垂れている場合があります。

☑Point 3　コンクリートの不具合（ひび割れ、コールドジョイント）はあるか

　コンクリートは、水を使用する湿式系材料ですから、乾燥収縮によるひび割れが必然的に入ることになります。0.1mm幅程度のひび割れであっても、貫通している場合があり、外部から散水すると一定時間経過後に内部に浸出してきます。

　コンクリートは、一体では施工できずに、施工上、打ち継ぐ場合が通常です。この場合にはコールドジョイントになり、水の浸入の可能性が高まります。

　　図76　コンクリートひび割れ部に散水

　　図77　コンクリート内部に浸出

☑Point 4　取合い部（穴開け・接続部・端部）の納まりはどうか

　屋根一面・壁一面など何の取合いもない場合は、雨の漏れる部位があり

ませんが、換気扇やスリーブ管を通すためなど穴を開ける場合、異なる部材を接続する場合、部材を取り付ける場合は、端部という取合いが生じます。いずれも雨漏りの可能性が高まります。

図78　スラブ下端のエフロレッセンス

図79　含水率計の数値は 39.5%

　天井点検口から目視するとスラブ下端に「エフロレッセンス」(白華)と呼ばれる白い粉が見えます。雨漏りによる水の供給から形成された現象です。雨漏り跡といえます。建物内部に白華が発生していると、雨漏り・結露などの水の供給があると判断します。

　図79の含水率計では35.9%と高い数値です。水が浸入している可能性が高いことになります。雨漏りがなければ、10 〜 15%程度です。

　そして散水開始から数時間経過後に、やっと水が浸出してきました。滲み出る感じです。RC造建物の散水試験は時間がかかるのです。

　思わず、「よかった」と言ってしまい、入居者から「雨漏りして良かったと言われたのは初めてだ」とお叱りを受けました。こちらとしては原因が究明できて「よかった」のですが。

図 80　コンクリートスラブ下端に浸出確認

☑**Point 5**　防水の状況はどうか

ドレン排水を塞いで貯水し、放置すると浸出する場合があります。

図 81　ドレン排水を塞いで水を滞留

Column ソーラーパネルと雨漏りリスク

　エネルギー問題から、屋根にソーラーパネルを取り付けることが多くなりました。自然エネルギー利用は、環境にやさしく、好ましいといえます。

　問題はソーラー部材の住宅屋根への取り付け方です。台風で部材が飛ぶことは不可ですから、確実に固定する必要があります。

　ソーラーパネルを取り付ける際、屋根材の上から、固定のためのビス穴を開けます。下地の垂木に固定できればよいのですが、多くのビスは垂木から外れて、野地板だけに固定されます。屋根材の上から、下地の垂木位置を探すのは結構難しいのです。屋根の下葺き材という防水を破ることになりますから、この施工方法では当然、雨漏りリスクが高くなります。

設置されたソーラーパネル　　　　　　固定用金具を取り付ける

　住宅の屋根施工業者ではなく、ソーラー取付け業者が施工しますから、本体建築工事の屋根業者は、雨漏り責任がなくなります。雨仕舞いの専門でないソーラー取付け業者が、雨漏りの責任を負うことになります。そのリスクのために、保険に加入しています。雨仕舞いを知らない者が、保険によって責任を負うことは、システム不良です。

　幅広の金具を使用することにより、どれかのビスは垂木に当たり、固定できます。他のビスは野地板だけに固定することになり、防水に穴を開ける結果になっています。雨漏りリスクは高まります。

金具にシーリング注入

金具固定ビス

小屋裏側から見るビス

　この金具は、ソーラーメーカーの標準仕様の材料です。施工法は、ソーラーメーカーの標準仕様の取り付け方です。標準以外の仕様を採用するとソーラーメーカーは責任を負いませんので、施工者として選択肢はありません。

　この取り付け方は下葺き材に穴があいているといっても、シーリングされており、雨漏りという程の水は浸出しませんが、若干の雨シミがついています。

おわりに

　本書では、地盤・構造・外装・雨漏りの4章に分けて、「不法行為責任20年」時代にも耐えられるレベルを目指すためのチェックポイントを整理しました。居住者に損害が生じた場合には、「品確法」と「民法の不法行為責任」により、最長20年にわたって設計者や施工者の責任が追及される時代が到来したことを受け、今後ますます施工品質が問われてくると感じます。

　多くの製品には、保証期間があります。建築にも保証期間がありますが、施工面では屋外単品受注生産・現場施工という点、材料面では材木などの農林産物やコンクリートなどの湿式系材料を使用することによる乾燥収縮という点があり、工場生産品のような一定品質が確保されにくいという特殊性があるのです。

　建築に携わる技術者として、まず適正な建物を提供することが必要であり、万一問題があったならば適切に対応・補修できなければなりません。若手技術者が優秀な技術者に育っていく過程では多くの失敗経験・成功体験が必要です。技術者として様々な知識の勉強をする時間、資格を取得するための時間が必要ですが、忙しさに追われています。各工事における契約不適合責任・不法行為責任の問題を無くすために本書を読んでヒントをつかんでほしいものです。

謝辞

　日本建築協会の出版委員会に所属しておりますが、毎月の定例会議で、原稿の進捗状況を確認しながら、西博康委員長はじめメンバー各位から貴重な助言をいただき、感謝しております。

　学芸出版社編集部の岩崎健一郎氏には、ながらく出版に向けて多くの提案をいただきました。ながい時間が経過しましたが、やっと本書が誕生いたしました。皆様方にこの場を借りて、深く感謝しお礼申し上げます。ありがとうございました。

【著者略歴】

柿﨑 正義（かきざき まさよし）

長野県出身。大学で建築学を学び、鹿島建設技術研究所に入社して、環境工学で両国国技館ほか、施工設計では超高強度コンクリートと CFT 構法および高流動コンクリートを開発・実用化してきた。芝浦工大、共立女子大学で非常勤講師。東京地裁 調停・鑑定委員、アンコール・ワット西参道修復委員会委員。現在は、㈱スマート建築研究所 代表。
資格：工学博士、技術士（建設部門）、一級建築士、監理技術者、マンション建替士
業績：㈳日本建築学会 1990 年学会賞（論文賞）受賞、同学会より名誉司法会員を授与、㈳日本コンクリート工学協会より特別功績賞と名誉会員を授与
著書：『建築工事標準仕様書（JASS 5）』と関連指針類、『ビル解体工法』、『建築施工』、『戸建て住宅・集合住宅を巡る建築紛争』、『建築現場のコンクリート技術』など多数。

玉水 新吾（たまみず しんご）

名古屋工業大学建築学科卒業後、大手住宅メーカーにて、技術系の仕事全般を 34 年経験。現在一級建築士事務所「ドクター住まい」主宰。大阪地裁民事調停委員。著書に『現場で学ぶ住まいの雨仕舞い』『写真マンガでわかる建築現場管理100 ポイント』『写真マンガでわかる住宅メンテナンスのツボ』『建築現場のコンクリート技術』『図解雨漏り事件簿』他多数。

宮之腰鹿之介（みやのこし しかのすけ）

北海道札幌市在住、明治大学工学部建築学科を卒業して、大手建設会社で発電施設建設のエキスパートとして従事。阪神タイガースを愛し、趣味でイラストを描く。

イラストでわかる 建築現場のチェックポイント

2022 年 3 月 10 日　第 1 版第 1 刷発行

企　画 ········ 一般社団法人日本建築協会
著　者 ········ 柿﨑正義・玉水新吾
イラスト ········ 宮之腰鹿之介

発行者 ········ 井口夏実
発行所 ········ 株式会社 学芸出版社
　　　　　　　京都市下京区木津屋橋通西洞院東入
　　　　　　　電話 075-343-0811　　〒 600-8216
　　　　　　　http://www.gakugei-pub.jp/
　　　　　　　E-mail info@gakugei-pub.jp

編集担当 ········ 岩崎健一郎

ＤＴＰ ········ 村角洋一デザイン事務所
装　丁 ········ 株式会社フルハウス
印　刷 ········ イチダ写真製版
製　本 ········ 山崎紙工

© Kakizaki Masayoshi, Tamamizu Shingo 2022
ISBN 970-4-7615-2808-0　　　　　　Printed in Japan